O QUE VOCÊ DEVE SABER SOBRE
TABAGISMO

EDITORA AFILIADA

Palavras necessárias

Advertência

Este livro não pretende fazer diagnósticos médicos e muito menos oferecer tratamentos. Seu conteúdo é informativo e tem, apenas, a intenção de esclarecer o leitor.

Nunca é demais insistir que em todos os casos os sintomas de doença devem ser levados ao conhecimento do médico. Consulte sempre o seu médico. Cabe somente ao profissional da saúde diagnosticar as doenças e indicar o seu tratamento.

Agradecimentos

Agradecemos a todas as pessoas, físicas e jurídicas — autores dos livros-fonte, profissionais da medicina, editoras, pesquisadores, gráficas, revistas, jornais e TVs —, o apoio, direto e indireto, que prestaram à realização desta coleção de livros. Sem a solidariedade dessas pessoas, este projeto editorial jamais teria sido possível.

A todos, nossa eterna e infinita gratidão.

Coleção
VIVER COM SAÚDE E SABEDORIA

O QUE VOCÊ DEVE SABER SOBRE
TABAGISMO

"SAÚDE É UM ESTADO DE
TOTAL BEM-ESTAR FÍSICO, MENTAL
E SOCIAL, E NÃO MERAMENTE A AUSÊNCIA
DE DOENÇA E ENFERMIDADE"
OMS-Organização Mundial da Saúde

MARTIN CLARET

CRÉDITOS

© Copyright Editora Martin Claret, 2001

IDEALIZAÇÃO E COORDENAÇÃO
Martin Claret

CAPA
Cláudio Gianfardoni

MIOLO
Pesquisa e organização
Pietro Nassetti

Revisão
Leonor Pizzolla

Direção de Arte
José Duarte T. de Castro

Digitação
Conceição A. Gatti Leonardo

Editoração Eletrônica
Editora Martin Claret

Fotolitos da capa
OESP

Papel
Offset 75g/m²

Impressão e Acabamento
Prol Gráfica

Editora Martin Claret
Rua Alegrete, 62 - Bairro Sumaré - CEP 01254-010 - São Paulo-SP
Tel.: (11) 3672-8144 - Fax: (11) 3673-7146

www.martinclaret.com.br

Agradecemos a todos os nossos amigos e colaboradores — pessoas físicas e jurídicas — que deram as condições para que fosse possível a publicação deste livro.

Este livro foi composto e impresso no inverno de 2001.

A SAÚDE EM PRIMEIRO LUGAR

Martin Claret*

Pode-se afirmar, biológica e filosoficamente, que um dos mais intensos desejos do ser humano é o de viver com mais saúde. Todo nosso sistema educacional, religioso e político está voltado para esta vital direção: saúde física, emocional e social.

A Organização Mundial da Saúde (OMS) define saúde como "um estado de total bem-estar físico, mental e social, e não meramente a ausência de doença e enfermidade", e em seu Estatuto afirma ainda que "o gozo do maior nível atingível de saúde é um dos direitos fundamentais de todos os seres humanos, sem distinção de raça, religião, preferência política e condição econômico-social".

Contudo, infelizmente, não é a isso que estamos assistindo. A maioria dos seres humanos, no mundo inteiro, está doente: doente do corpo e da mente.

---

* **Martin Claret**, 71 anos, empresário, editor e jornalista. Presta consultoria a instituições culturais e ecológicas.

O cientista e pacifista norte-americano (duas vezes premiado com o Prêmio Nobel) dr. Linus Pauling, em seu livro *Como viver mais e melhor — O que os médicos não dizem sobre sua saúde*, enfatiza que apenas uma minoria da população mundial está desfrutando desses direitos à saúde.

O problema da saúde não foi ainda solucionado.

Urgentemente precisamos ter consciência de que nós somos, individualmente, também responsáveis pelo nosso bem-estar e saúde. Cabe a cada um de nós pesquisar e informar-se sobre tudo o que se relaciona com nossa saúde. Principalmente sobre a medicina preventiva.

Felizmente, uma grande quantidade de material informativo — livros, revistas, seminários, cursos informais, TVs e outros canais de comunicação — está alertando as pessoas para a busca de um estado de vida saudável.

Estes volumes da Coleção *Viver com Saúde e Sabedoria* foram construídos para ajudar as pessoas a *evitar* e a *conhecer melhor* suas doenças. Especialistas nos dão vitais informações sobre nossos problemas de saúde e recomendam as adequadas terapias.

Cada volume da série enfoca uma doença específica, de maneira clara e direta.

Todavia, cabe-nos ressaltar que o conteúdo dos livros é meramente informativo. Nunca é demais insistir que, em todos os casos, os sintomas de doença devem ser levados ao conhecimento do médico e que cabe aos profissionais da saúde o diagnóstico das doenças e o seu tratamento.

Os 36 volumes da coleção são oferecidos em formato de bolso (11,5 x 18), de luxo, com preço extremamente acessível e periodicidade mensal.

Cada volume poderá ser encontrado em livrarias e pontos alternativos de venda, como bancas de jornais, papelarias, lojas de conveniências, estações de metrô e terminais rodoviários. Mas esta coleção foi feita especificamente para ser vendida por intermédio das mais de 10 mil farmácias de todo o território nacional.

A construção de cada livro foi formatada obedecendo à estrutura do livro-*clipping*.

Que é o livro-*clipping*?

Livro-*clipping* é o livro "reinventado". É o livro de vários autores, organizadospor assunto. É o princípio de *clipping* transcendido para o formato de livro. O objetivo editorial é oferecer ao leitor um livro essencializado, pedagógica e industrialmente correto.

Recomendamos ao nosso leitor que queira aprofundar o assunto tratado em cada capítulo respectivo que consulte e leia o livro-fonte.

Na construção destes livros, por serem *clipping*, conservamos a grafia com a qual foram escritos pelos respectivos autores, embora nem sempre obedeça às normas da língua portuguesa. A Editora não se sente autorizada a corrigir tais discrepâncias, mesmo não concordando. A responsabilidade da grafia é, portanto, do autor.

Palavras do Organizador

Dr. Pietro Nassetti*

Nosso principal objetivo ao organizar a Coleção *Viver com Saúde e Sabedoria* foi oferecer ao leitor brasileiro leigo o maior número possível de informações, corretas e acessíveis, sobre saúde. Acreditamos que, de posse de tais informações, o leitor possa conhecer-se melhor e assumir com responsabilidade os cuidados com sua saúde, tornando-se um melhor paciente para o seu médico, quando dele precisar.

O mundo está se conscientizando neste sentido, e a visão holística, isto é, a visão do homem como um todo orgânico e indissociável, está se difundindo entre leigos e profissionais da saúde, aliando os frutos da pesquisa atual às sabedorias antigas, em prol do bem-estar humano. Acreditamos que, em um futuro próximo, a ciência médica deverá considerar o ser humano como um todo, democratizar-se e proporcionar ao homem a saúde e o vigor para adaptar-se com sucesso à mutação em pleno curso da nossa civilização.

---

* Dr. Pietro Nassetti, 63 anos, é cirurgião-dentista, formado pela USP, e tradutor (italiano e inglês).

TUDO SOBRE
DROGAS – NICOTINA
Jack E. Henningfield
Nova Cultural
ISBN: 85-13-00130-9
Formato: 16x23
84 páginas
São Paulo
1988

UM VÍCIO ANTIGO

Jack E. Henningfield

De geração a geração, os *huron*, da América do Norte, passam uma lenda a respeito da origem do tabaco. De acordo com essa lenda, houve uma vez uma grande fome, quando todas as terras se tornaram estéreis. Então, o Grande Espírito enviou uma jovem nua para restaurar o solo e salvar seu povo. Onde a moça tocava a terra com a mão direita, nasciam batatas e ressurgia a fertilidade; onde tocava com a mão esquerda, o milho brotava para alimentar os estômagos famintos. Por fim, a mensageira nua do Grande Espírito se sentou; e, no lugar em que descansou, nasceu o tabaco.

Há duas interpretações para essa lenda: uma diz que o tabaco foi uma dádiva, como o milho e as batatas, destinada a fornecer alimento para a mente do homem; a outra sustenta que, como o tabaco proveio do traseiro da mensageira, sua aparição estaria destinada a alertar para o fato de que as benesses da comida não viriam desacompanhadas de seu preço.

Independente de qual interpretação seja a correta, o fato é que o uso do tabaco estava firmemente estabelecido entre os índios da América do Norte quando Colombo chegou. Os primeiros exploradores ficaram pasmos ao descobrir índios colocando na boca pequenos rolos acesos de folhas secas. Alguns índios usavam cachimbos para queimar as mesmas folhas, de forma que pudessem "beber" a fumaça. Aos exploradores pareceu claro que o tabaco era essencial para muitos rituais sociais e religiosos. E que era um hábito muito difícil de ser abandonado.

Durante o século XVI, quando o tabaco se tornou uma mercadoria importante, os comerciantes europeus promoviam o produto com estatuetas de madeira representando índios. Essas peças sugeriam as distantes e exóticas origens do tabaco, que, com o tempo, se popularizou muito, a ponto de em algumas colônias ter-se transformado em moeda corrente.

Um índio maia fuma um charuto enfeitado com uma fita.

O tabaco emigra

No século XVI, dois capitães de navios britânicos persuadiram três índios a acompanhá-los até Londres. Os índios levaram substanciais suprimentos de tabaco para se abastecerem durante a viagem. Era a primeira vingança deles contra os invasores de suas terras, pois durante o trajeto alguns integrantes da tripulação experimentaram inalar a fumaça do tabaco. Muitos gostaram e logo descobriram que era duro ficar sem fumar. Para suprir suas próprias necessidades de tabaco, os exploradores dos séculos XVI e XVII estabeleceram áreas de plantio na África, na Europa e na América. A tripulação de Fernão de Magalhães, navegador português, fumou tabaco e espalhou suas sementes nas Filipinas e em outros portos de apoio. Os holandeses trouxeram tabaco para a África do Sul. Os portugueses também o levaram para a Polinésia. Logo, onde quer que os marinheiros aportassem — na Ásia, na África e até na Austrália —, o tabaco os esperava.

No começo do século XVII, os pequenos núcleos de cultivo de tabaco haviam se transformado em grandes plantações distribuídas pelo mundo todo. E, onde elas cresciam, os habitantes também experimentavam fumá-lo, expandindo o consumo ainda mais. O hábito de fumar se propagou como uma moléstia contagiosa, passando de indivíduos a populações inteiras. Os primeiros usuários do tabaco logo aprenderam o que os índios de há muito sabiam: desde que se começasse, era impossível parar sem sentir um grande mal-estar e uma imperiosa necessidade de retomar o hábito. Aprenderam mais: fumar não era a única forma de se consumir tabaco. Ele podia ser mascado ou, reduzido a pó, inalado como rapé. Contudo, comer simplesmente a planta crua não proporcionava prazer.

Oposição ao uso

À medida que o tabaco foi se disseminando de um reino para outro, as reações à sua introdução revelaram-se muito parecidas. E, nesse sentido, é exemplar o que aconteceu na Inglaterra, sob o reinado de Jaime I, perto da virada do século XVI. O rei se opôs firme-

Um servo de sir Walter Raleigh descobre tarde demais que não apagava um incêndio, mas o cachimbo do patrão. Raleigh, aventureiro inglês, tornou o consumo do tabaco um modismo na Inglaterra do séc. XVI.

Pajé de uma tribo indígena sul-americana aplica os poderres mágicos do tabaco para afastar maus fluídos. Muitas sociedades primitivas tinham em alta conta a ação terapêutica do tabaco.

mente ao uso do tabaco; tachou-o de insalubre e imoral e propôs o seu banimento. No entanto, mesmo na corte, o tabaco tinha seus fiéis admiradores: homens como sir Walter Raleigh fizeram do ato de fumar uma moda e uma marca de distinção.

Tentativas de restringir a distribuição apenas elevaram o preço do tabaco, e logo ele valia seu peso em prata. Por fim, numa tentativa de coibir o uso por meio de sanções econômicas, o tabaco teve seus impostos elevados em 4000%. Isso, porém, apenas serviu

O tabaco era muito usado nos rituais religiosos dos índios astecas. Aqui, um índio paramentado como deus segura numa das mãos um cigarro.

Em 1612, John Rolfe estabeleceu o primeiro plantio comercial de tabaco na Virgínia, EUA. O processo de curtição que criou contribuiu muito para a prosperidade desse Estado. Ele e sua mulher foram celebrados num filme (acima) em comemoração aos 350 anos da indústria de tabaco.

para estimular o contrabando.

Essa mesma seqüência de atitudes — desaprovação, proibição e aplicação de impostos — foi repetida na Itália, na França, na Rússia e, depois, nos EUA. À medida que os governos se convenciam dos perigos do uso do tabaco, os impostos subiam, promovendo o duplo benefício de aliviar a consciência dos governantes e elevar a receita dos Estados.

Como uma "vingança dos índios", a difusão do tabaco foi algo tão ruim quanto a introdução da sífilis entre as tribos do Novo Mundo, pois o hábito de fumar se tornou um tipo de comportamento que jamais seria eliminado, nem pela lei, nem pela taxação e nem por ordens do Papa.

O que há na fumaça do tabaco

Qual será a natureza dessa substância que já causou tanta controvérsia e que tanto preocupa os governos, as organizações religiosas e a própria ciência? O tabaco é uma planta da família das solanáceas. O vegetal recebeu o nome de *Nicotiana tabacum* em homenagem a Jean Nicot, embaixador francês em Portugal, por volta de 1580. Nicot acreditava que a planta tinha poderes medicinais e estimulou seu cultivo. Um dos constituintes químicos do tabaco é a nicotina. Mas, quando o tabaco é cultivado com fertilizantes e pesticidas, processado sob a forma de cigarros e finalmente queimado, muitos outros constituintes são agregados.

Constituintes primários da fumaça do tabaco

A fumaça do tabaco contém milhares de elementos. A maioria é liberada em quantidades tão mínimas que nem é considerada quando se discutem os

Safra de tabaco à espera da colheita. Entre 1968 e 1981, o mercado norte-americano de cigarros saltou de 10,1 bilhões de dólares para 18 bilhões. Embora o número de fumantes tenha declinado durante esse período, os que já fumavam passaram a fumar ainda mais.

efeitos nocivos do ato de fumar. Na verdade, esses elementos são tantos que ainda serão necessários anos de pesquisa até que se descubra quais são de fato nocivos. Os três mais importantes, contudo, são o alcatrão, o monóxido de carbono e a nicotina.

O *alcatrão* é definido, de uma forma bastante arbitrária, como o total das partículas materiais — menos as de água e de nicotina — retidas pelo filtro Cambridge utilizado em máquinas de fumar (ver mais adiante). O alcatrão, que aliás não está presente no tabaco não queimado, é um produto da matéria orgânica submetida à combustão na presença do ar e da água, numa temperatura suficientemente alta. Já o rapé e o tabaco de mascar não liberam alcatrão.

Os índices oficiais norte-americanos de alcatrão, muitas vezes impressos nas próprias embalagens de cigarros, não representam a quantidade de alcatrão contida no tabaco e nem mesmo na fumaça. Eles apenas reproduzem as quantidades retidas em máquinas de fumar. Os índices podem ser úteis para a comparação entre as marcas, mas enganam as pessoas que pensam estar consumindo menos alcatrão fiando-se exclusivamente no que está escrito nas embalagens.

O alcatrão é uma das maiores ameaças à saúde

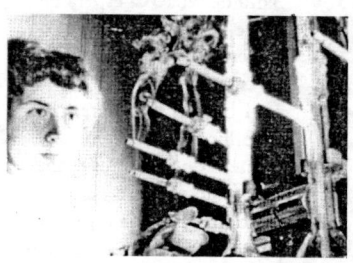

Um técnica de laboratório analisa a eficácia dos filtros na captura de alcatrão, nicotina e outros elementos contidos na fumaça do cigarro.
Nos últimos anos, o uso de dispositivos computadorizados tem ajudado muitos esforços de pesquisa.

contidas no cigarro. Ele causa vários tipos de câncer em animais de laboratório. Ao mesmo tempo, suas ínfimas partículas obstruem os alvéolos pulmonares, causando problemas respiratórios como o enfisema, por exemplo. À luz desses fatos, muitos fabricantes reduziram o teor de alcatrão de seus cigarros, num esforço para conseguir produtos mais "saudáveis". Infelizmente, o alcatrão é fundamental para o sabor dos cigarros e para a satisfação que se obtém ao fumar. Assim, quem fuma cigarros de baixos teores acaba inalando a fumaça mais profundamente, como forma de atingir a satisfação, o que põe por terra as vantagens desse tipo de cigarro.

O *monóxido de carbono* (CO) é um gás que resulta da combustão de matéria. A produção de monóxido de carbono é incrementada pela restrição no suprimento de oxigênio, como acontece dentro de um cigarro. O monóxido de carbono passa facilmente dos alvéolos pulmonares para a corrente sangüínea. Nela, ele se combina com a hemoglobina para formar a carboxemoglobina (COHb). A hemoglobina é a porção do sangue que põe para fora do corpo o dióxido de carbono (produzido por processos metabólicos naturais) e, em troca, introduz o oxigênio. Quan-

Dois mil cigarros, a quantidade exposta sobre a mesa, produzem o volume de alcatrão contido no frasco. O alcatrão é a maior font de riscos do cigarro.

O tabaco adquire sempre valor de troca em locais onde é difícil de ser obtido. Este aborígene australiano, retratado em 1949, era capaz de realizar qualquer tarefa em troca de um pouco de tabaco.

do a hemoglobina está impregnada de monóxido ou de dióxido de carbono, o resultado pode ser uma carência do oxigênio necessário ao organismo.

Uma diferença básica entre o monóxido e o dióxido de carbono é que o primeiro adere mais firmemente à hemoglobina, da qual é removido muito mais lentamente. Assim, o sangue pode acumular níveis bastante elevados de monóxido de carbono e lentamente tornar o corpo carente de oxigênio. Quando o sistema cardíaco detecta níveis insuficientes de oxigênio, o coração pode começar a trabalhar mal. Em casos extremos, pode ocorrer um ataque cardíaco.

A figura 2 (pág. 21) mostra índices de monóxido de carbono em pessoas que fumaram diferentes quantidades de cigarros. Os valores foram coletados fazendo com que voluntários fumassem um cigarro de sua marca habitual a cada trinta minutos, até que completassem cinco ou dez cigarros. O gráfico mostra que cada cigarro provoca uma rápida elevação no nível de CO, que permanece estável por alguns minutos e então declina até que o próximo cigarro seja fumado.

No entanto, cada cigarro contribui com um pequeno acréscimo ao nível geral de monóxido de carbono no organismo. Quando as pessoas fumam normalmente, seus níveis de CO são mais baixos pela manhã e atingem o máximo por volta do meio-dia. O típico fumante de um maço por dia atinge níveis médios de CO entre 25 e 35 partes por milhão. Mas mesmo esse fumante típico pode, por breves momentos, atingir níveis superiores a cem partes por milhão. Os modernos equipamentos antiincêndio dispõem de máquinas para analisar o teor de CO continuamente, enquanto combatem o fogo. Se os níveis excedem 150 partes por milhão, as máquinas liberam oxigênio, pois comprovou-se que esse teor de CO expõe até pessoas saudáveis ao risco de um ataque cardíaco.

A nicotina é uma droga que aparece normalmente nas folhas de tabaco. É geralmente considerada como estimulante, já que excita muitas células cerebrais e aumenta a atenção. No entanto, seus efeitos são complexos demais para caberem sob um único rótulo. Por exemplo, ao estimular certos nervos da coluna vertebral, a nicotina relaxa muitos músculos do corpo e pode até reduzir a velocidade dos reflexos do joelho. Seus efeitos variam conforme a quantidade fumada. Assim, certas células nervosas que são estimuladas com a nicotina de uns poucos cigarros podem sofrer efeito contrário com um número de cigarros que ultrapasse essa conta.

A nicotina se parece muito com uma das substâncias que ocorrem naturalmente no organismo (acetilcolina), e o corpo dispõe de um eficiente sistema de "quebrar" a nicotina e eliminá-la pela urina (desintoxicação). Na verdade, quando uma certa dose de nicotina é ingerida, cerca da metade é removida da corrente sangüínea dentro de 15 a 30 minutos. A figura 2 (pág. 21)mostra os padrões do acúmulo e de eliminação da nicotina quando se fuma. Note-se que esses padrões são semelhantes aos observados para o monóxido de carbono (ver figura 1, pág. 21).

Outra característica da nicotina é que ela é bem absorvida pelas mucosas nasais e bucais, que são altamente capilarizadas. É por isso que mascar tabaco ou inalá-lo constituem formas de ingestão de nicotina. Da fumaça do cigarro a nicotina se transfere aos alvéolos pulmonares e daí para a corrente sangüínea; por ela, chega diretamente ao cérebro. Esse percurso leva menos de dez segundos; assim, mesmo que a quantidade inalada seja pequena, seus efeitos podem ser poderosos graças à eficiência do sistema de transmissão. É mais rápido do que o resultante da aplicação intravenosa da nicotina, pois o suprimento venoso do sangue deve primeiro passar pelo coração, depois para o sistema arterial e os pulmões, até chegar finalmente ao cérebro.

A exposição repetida à nicotina fumada resulta numa rápida tolerância ou em efeitos decrescentes. Ou seja: ao longo do dia, à medida que os cigarros são consumidos, o fumante obtém cada vez menores efeitos físicos e psicológicos da ingestão da droga. Muito dessa tolerância se perde durante a noite. Em decorrência, muitos fumantes afirmam que o primeiro cigarro do dia "é o mais gostoso". Com o decorrer do dia e com mais cigarros consumidos, as pessoas fumam mais por hábito ou para combater o desconforto do que por prazer.

Pesquisas realizadas para apurar os malefícios do

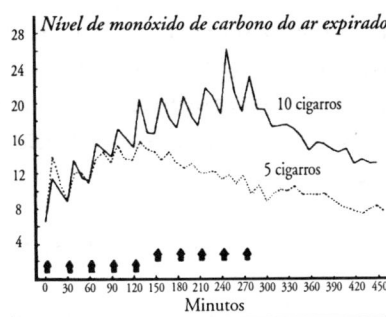

Figura 1. Níveis médios de monóxido de carbono (CO) de oito voluntários que fumaram um cigarro a cada trinta minutos (ver setas). Num dia eles fumaram cinco cigarros (linha pontilhada), e no outro fumaram dez (linha contínua).

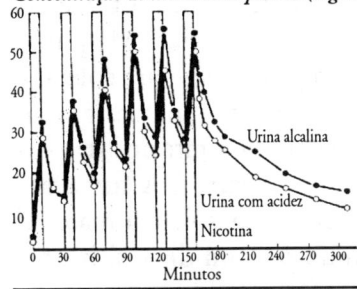

Figura 2. Cinco voluntários receberam injeções de nicotina. Os níveis médios dessa substância no plasma sangüíneo estão destacados pelos círculos. A acidificação da urina facilitou a eliminação da nicotina e reduziu os níveis desta no plasma.

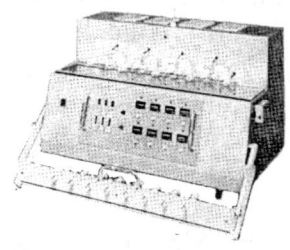

Figura 3. As máquinas automáticas de fumar fornecem importante contribuição à pesquisa. Os técnicos podem modificar várias características da tragada, tais como volume e duração, a um simples apertar de botão. A fumaça é levada para dentro da máquina e armazenada em recipientes especiais.

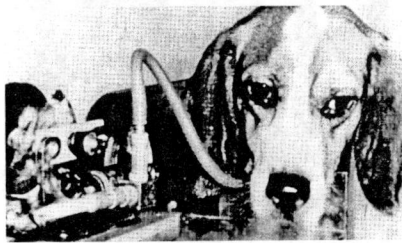

Um cão beagle "fuma" por meio de um dispositivo atado à sua traquéia, num experimento para investigar as conexões entre o fumo e o enfisema, uma doença pulmonar crônica.

tabagismo sugerem que a nicotina não é tão danosa quanto o alcatrão e o monóxido de carbono. Mas seu papel é mais insidioso, pois as pessoas, no esforço para obter nicotina, acabam ingerindo os subprodutos alcatrão e CO.

Outros constituintes da fumaça do cigarro

A fumaça dos cigarros tem duas fases: uma, gasosa; e outra, particular (de partículas). Juntas, essas fases somam mais de 4.000 substâncias. Máquinas automáticas de fumar foram projetadas para coletar e estudar a fumaça. A figura 3 mostra uma dessas máquinas, que pode ser usada em laboratórios de pesquisa ou pelos fabricantes de cigarros. A fumaça é separada em suas duas fases — a gasosa e a material (ou particular) —, passando por um dispositivo filtrante (chamado "filtro de Cambridge"), que retém as partículas maiores do que 1 mícron e coleta o resto (a fase gasosa) num tanque de armazenagem. As máquinas são calibradas para fumar cigarros como um típico fumante.

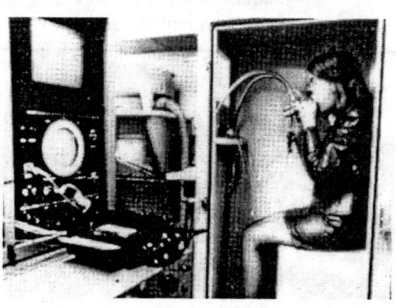

Uma voluntária participa de uma experiência para determinar a rapidez de recuperação do pulmão depois de abandonar o hábito de fumar. Pesquisas recentes indicam que o desempenho do pulmão apresenta sensível melhora logo depois que se pára de fumar.

Produção e destino dos componentes da fumaça do cigarro

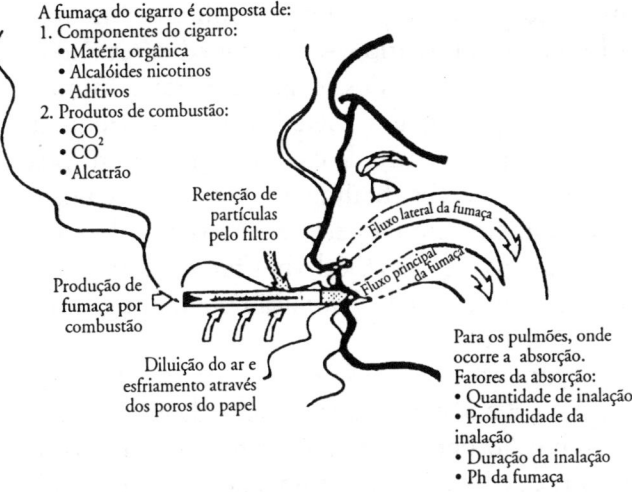

Figura 4. O diagrama ilustra o que acontece ao se fumar um cigarro. Sua queima cria várias substâncias (como dióxido e monóxido de carbono, alcatrão) em adição aos constituintes originais do cigarro.

A figura 4 mostra o que acontece durante uma baforada. O cigarro apagado é composto por muitos materiais orgânicos (folhas de tabaco, papel, açúcares, nicotina) e inorgânicos (água, elementos radioativos, metais). O vértice do cone que queima no centro do cigarro atinge uma temperatura de mais de 1000º C durante uma tragada. Essa minúscula fornalha resulta numa indústria química em miniatura, que usa centenas dos materiais disponíveis para produzir muitos outros. Na verdade, algumas das partes mais importantes da fumaça do cigarro — inclusive o alcatrão e o CO — nem sequer estão presentes no cigarro apagado; são resultado de sua combustão.

O estudo da fumaça do cigarro se complica ainda mais porque ela segue por dois caminhos — um principal e outro secundário —, e os ingredientes têm de ser coletados e analisados separadamente. A fumaça do caminho principal é coletada de uma corrente de ar que passa pelo centro do cigarro. Ela é filtrada pelo próprio tabaco e, eventualmente, por um filtro posterior. É também diluída pelo ar que passa pelo papel (a maioria dos cigarros modernos também dispõe de minúsculos orifícios de ventilação que diluem ainda mais a fumaça).

A fumaça secundária é a que escapa da ponta do cigarro. Ela não é filtrada e resulta de um processo de combustão ligeiramente mais frio nas bordas do cone que queima. Assim, como o tabaco é queimado menos completamente, a fumaça secundária tem mais partículas (material que não foi carbonizado).

A engenharia do cigarro

O processo descrito acima é complicado ainda mais pela tecnologia usada pelos fabricantes de cigarros. Eles fabricam cigarros de forma específica para controlar uma ampla gama de fatores: manter o cigarro aceso entre as baforadas, reduzir o desperdício de tabaco, alterar o sabor do fumo e controlar as quantidades de substâncias (alcatrão e nicotina) medidas pelos órgãos governamentais.

A porosidade do papel dos cigarros é especialmente controlada para regular a quantidade de ar que passa por ele e dilui a fumaça — e dessa porosidade depende a velocidade de queima do cigarro. Por isso

Maquinário representando a sofisticação na produção de cigarros, em 1961, nos EUA, país responsável por 61% de toda a exportação mundial de tabaco na época.

costuma-se adicionar fosfatos ao papel para garantir uma queima constante e contínua.

Vários tipos de aditivos estão presentes no próprio tabaco. Um desses aditivos é chamado "umectante", que, como o nome sugere, são substâncias químicas que ajudam a reter a umidade do tabaco — um fator muito importante na combustão. Os umectantes também afetam o sabor e a temperatura da fumaça. Os umectantes mais comumente usados são a glicerina, glicol dietileno e o d-sorbitol. Os umectantes correspondem a uma pequena porcentagem do peso total do tabaco.

Outro tipo de aditivo é chamado de "agente de cobertura". Ele ajuda a temperar o tabaco e a mantê-lo agregado. Também afeta o sabor da fumaça e a velocidade de queima do tabaco. Os agentes de cobertura mais comumente utilizados incluem açúcares, xaropes, licores e bálsamos. A proporção dos agentes de cobertura empregados varia de 5% do peso total de tabaco de um cigarro a 30% do peso do fumo para cachimbo.

Agentes flavorizantes também são adicionados ao tabaco para controlar o gosto característico de um cigarro. Esses agentes são, entre outros, extratos de frutas, óleos mentolados, especiarias, coca, substâncias aromáticas e aditivos sintéticos. O sabor também é controlado pelo próprio tipo de tabaco e pelos processos de sua curtição.

Uma grande variedade de outras substâncias é adicionada nos múltiplos estágios de processamento do tabaco para retardar o consumo e para evitar que as larvas do tabaco se transformem em vermes. Além disso, entram ainda no cigarro metais e minerais como o níquel e o potássio, retirados do solo pela planta, assim como pesticidas e fertilizantes utilizados nas plantações. Compareçem também elementos radioativos como o potássio-40, o chumbo-210 e o rádio-226, provenientes do ambiente natural.

FUMAR – DISTRAI OU
DESTRÓI?
Dr. Harold Shryock
Casa Publicadora
Brasileira
Formato: 14x21
128 páginas
São Paulo

A FORÇA DO HÁBITO

Dr. Harold Shryock

Hábito ou vício?

Três membros do *staff* do Departamento de Farmacologia do Colégio Médico de Virgínia, em Richmond, EUA, realizaram um estudo que nos ajuda a compreender como a influência da droga envolvida no fumar é um fator mais importante em alguns indivíduos do que em outros. O relatório que fizeram foi publicado em *Science* de 27 de julho de 1945.

Vinte e quatro fumantes habituais de cigarros, sendo que todos tragavam, cujas idades oscilavam de vinte e dois a cinqüenta anos, serviram de base para o estudo de Richmond. Como uma preliminar do estudo real, cada investigado continuou a fumar sua marca regular de cigarros, mantendo contudo um registro minucioso, por um mês, do número de cigarros que fumava cada dia. No final do mês, foram orientados a usarem, em vez de a marca com que estavam acostumados, os cigarros especiais providos pelos que realizavam o estudo. Sem qualquer identificação, exceto para os registros mantidos no escritório, alguns maços dos cigarros especiais continham uma quantidade média de nicotina e outros continham somente cerca de um décimo dessa quantidade. Os investigados logicamente não sabiam quando estavam usando cigarros com a quota total de nicotina ou quando o faziam com cigarros que não continham praticamente nicotina. Mediante seus relatórios, indicavam se estavam obtendo a satisfação costumeira de seus cigarros.

Resultados da experiência indicaram que seis dentre os vinte e quatro investigados não notaram diferença essencial em satisfação obtida de exemplares com baixo índice de nicotina. Seis experimentaram uma vaga e inconseqüente perda de sua satisfação costumeira quando fizeram uso dos cigarros com pequena porção de nicotina. Três notaram uma diferença evidente na satisfação que obtinham dos cigarros de pouca nicotina, mas logo se adaptavam de modo que a satisfação permanecia no nível habitual. Nove do grupo de vinte e quatro acharam os cigarros de pouca nicotina bastante insatisfatórios, ao ponto de relatarem irritabilidade, falta de capacidade de concentração e um senso de "vazio" que corresponderam ao período durante os quais estavam fazendo uso dos cigarros de pouca nicotina. Embora os dois últimos grupos (o de três e o de nove) notassem esses sintomas, os sintomas desapareceram dentro de cerca de duas semanas para o grupo de três indivíduos, persistindo, porém, durante todo o mês para o grupo de nove. Alguns do último grupo admitiram, após ter-se concluído a experiência, que seu anelo por um cigarro mais satisfatório durante esse período os levou a fumar alguns cigarros de marcas comuns no decurso da experiência.

Desse estudo concluímos que alguns fumantes continuam a fumar devido a um hábito firmemente estabelecido, baseado no costume social e no desenvolvimento de um ritual pessoal que se torna parte de sua maneira de vida. Para esses, os efeitos formadores de hábito da nicotina são relativamente acidentais.

Em outro grupo, porém, o efeito tóxico da nicotina parece ser muito mais importante em fazer com que o fumante continue em seu vício do que o fator costume. Para esse último grupo, que se tornou dependente dos efeitos da nicotina, a palavra "vício" é mais adequada do que a palavra "hábito".

Algumas poucas pessoas, por uma simples e firme determinação, podem parar de fumar abrupta e permanentemente. Isto contudo é exceção e não regra. De maneira particular, nesses casos em que o fumante aprendeu a depender da ação tóxica da nicotina, é difícil parar voluntariamente de fumar. Prova disso eram as longas filas de fumantes impacientes que esperavam para comprar cigarros quando do racionamento de 1945, durante a guerra. Muitas daquelas criaturas eram pessoas ocupadas que não podiam desperdiçar tempo esperando em filas, mas seu vício os compelia a fazer o que de outra forma prefeririam não fazer. Note-se também como o racionamento de cigarros durante o mesmo período fez com que milhares de mulheres fumantes passassem a fumar cachimbo. Note-se como nos mercados europeus de câmbio negro os preços para cigarros americanos chegavam a dois dólares o maço.

Roger Riis, em seu livro *The Truth About Smoking* (A Verdade Sobre o Fumar) ilustra bem a força do hábito quando refere o caso de uma vítima da doença de Buerger, que foi tratada na Clínica Ochsner, de Nova Orleans. A doença de Buerger, deve-se ter em mente, é uma enfermidade peculiar ao fumante (quase sempre relacionada ao vício de fumar), que somente pode ser curada se se pára de fumar. Esse paciente foi advertido de que, a menos que parasse de fumar, seria necessário amputar-lhe a perna. Após uns poucos minutos de séria reflexão, ele perguntou pateticamente: "Acima ou abaixo do joelho?"

Que é um hábito?

Temos falado bastante sobre o fumar como um *hábito*. Agora, falemos sobre os hábitos em geral.

Um hábito é um padrão de pensamento ou conduta (ou ambos) que, após um período de desenvolvimento, passa a agir automaticamente. Grande parte daquilo que ordinariamente chamamos de perícia ou prática depende do desenvolvimento de hábitos apropriados. A datilógrafa eficiente depende de seus hábitos para o desempenho de seu trabalho. Enquanto seus olhos seguem a cópia, os dedos encontram as teclas apropriadas sem direção consciente. O mesmo se dá com o músico. Se ele tivesse que parar para pensar sobre a localização de cada nota em seu instrumento, não seria capaz de apresentar música aceitável. Em vista, porém, de ter desenvolvido seguros hábitos de encontrar as notas corretas como indicadas na partitura, as partes de seu corpo desempenham-se automaticamente segundo a manipulação que faz do instrumento.

No que tange ao hábito de fumar, uma pessoa não levará muito tempo para aprender como retirar um cigarro do maço, batê-lo contra a unha, acender um fósforo ou isqueiro e manter o cigarro aceso, baforada após baforada. Após certo tempo, todo o ritual se torna automático, de modo que o fumante não mais precisa preocupar-se com o que fazer a seguir. O fumar tornou-se parte de sua vida. Como ocorre com a técnica de usar colher e garfo à mesa, o hábito se encarrega de todos os pormenores. Não mais perguntará mentalmente: "Estou com vontade de fumar?", antes de puxar um novo cigarro do maço.

Há certas ocasiões do dia na experiência de um fumante, bem como certas situações, quando o fumar é a coisa admitida, tais como após uma refeição, ou quando na companhia de outros fumantes. Quando já se haja passado certo tempo desde o último cigarro e um sentimento de depressão se faz sentir, o hábito estabelecido coordena as atividades necessárias para outro cigarro.

Após alguns meses que se começa a fumar, os procedimentos habituais tornam-se de tal maneira parte do programa diário como as rotinas de comer, andar, ir dormir e levantar-se. Não admira, pois, que o hábito de fumar seja tão difícil de quebrar.

Acrescente-se, porém, ao fator de simples hábito, o de uma demanda fisiológica de nicotina e ter-se-á um hábito reforçado, virtualmente além da capacidade de o indivíduo controlá-lo.

Algumas pessoas podem tomar uma atitude e reassumir as rédeas do controle. A maior parte dos fumantes descobre, contudo, que uma vez estabelecido o padrão do dia-a-dia como hábito, é algo desencorajador submeter-se à tentativa de reformular um padrão de comportamento. Para que se obtenham bons resultados, faz-se mister uma determinação radical da qual não pode haver hesitação.

Relação do fumar para com outros hábitos

Debatendo suas várias tentativas para interromper o vício de fumar, um cavalheiro declarou: "Parei de consumir cigarros em mais de uma ocasião. Duas vezes cheguei a completar três meses sem fumar. Quando, porém, ia a alguma festa e tomava alguma bebida, surpreendia-me depois fumando novamente".

Este testemunho serve para ilustrar a importância dos hábitos na determinação do padrão de conduta de uma pessoa. A pessoa que se permite ser controlada por um mau hábito pode facilmente cair vítima de outro. Não é que haja qualquer relação química entre a nicotina, o álcool, a maconha e a morfina. O anseio do organismo por uma destas drogas não é satisfeito por qualquer das outras alistadas. Trata-se, entretanto, de uma questão de domínio pessoal. A indulgência em um hábito sabidamente prejudicial condiciona a mente a aceitar outros hábitos prejudiciais.

A pessoa que mantém um controle firme e consciente de seu modo de vida, não se permitirá ser dominado por qualquer hábito. Por outro lado, a pessoa que permite que seu modo de vida seja controlado pelo vício de fumar, poderá achar difícil manter independência de ação em face de outros hábitos que lhe tentem.

O Instituto Keelley para a cura do alcoolismo exige que todos os pacientes se abstenham de fumar. Não é que os diretores do instituto imaginem que o fumar gere um gosto por álcool, mas por levarem em consideração que a cura do alcoolismo requeira uma reorganização da personalidade. Para ser capaz de recusar o álcool mesmo em face de pressões sociais, um alcoólatra precisa ter domínio completo sobre seu próprio comportamento. Isto se faz impossível caso, ao mesmo tempo, permita ser dominado por algum outro hábito tal como o de fumar.

Como um hábito pode ser interrompido?

Debateremos a interrupção do hábito de fumar no último capítulo. Neste contexto, entretanto, será apropriado considerar os princípios gerais para se interromper um hábito.

Uma vez que o hábito estabelece um padrão de conduta que se manifesta automaticamente, a cadeia de eventos que conduz este padrão à sua manifestação deve ser substituída por uma apropriada combinação de circunstâncias.

No caso de uma datilógrafa, deve haver uma máquina de escrever, a cópia e uma disposição para datilografar antes que os padrões do hábito entrem em operação. O mesmo se dá com o músico, pois o instrumento musical, a partitura ou a memória de um número devem estar disponíveis antes que os padrões do hábito do músico possam dispô-lo a produzir música.

Assim também para o fumante: deve haver uma combinação apropriada de circunstâncias, a fim de que as rotinas do fumar sejam postas em ação. Quando a costumeira combinação de circunstâncias existe, o fumar é o resultado automático.

Para se quebrar o hábito de fumar, a primeira providência lógica é deixar de lado o maço de cigarros de modo que os dedos do fumante não o encontrem no lugar habitual. Em segundo lugar, o fumante deve providenciar manter-se ocupado com outra coisa durante as ocasiões em que ordinariamente haveria de fumar. Também deve evitar as associações (no sentido de sociedade ou outras) que lhe apresentariam sugestões para fumar.

A quebra de um hábito com êxito demanda um padrão substituto de reação, de modo que o indivíduo aprenda a reagir diferentemente do seu padrão costumeiro. Se permitir uma única exceção, ele tornará nulo todo o progresso que vários dias de esforço produziram. Permitir-se fumar após ter iniciado a interrupção do hábito é como deixar cair um rolo de barbante — todo o penoso trabalho terá que ser feito novamente.

A maior fonte de encorajamento para a pessoa que deseja quebrar um hábito é reconhecer que outros tiveram êxito!

O ato de parar

"Doutor, não creio que volte jamais a fumar." Essas palavras foram do Coronel John R. Holt, quando jazia num leito do hospital do exército onde estava confinado há várias semanas, após uma delicada operação cirúrgica. O Coronel Holt, que havia tornado o exército sua carreira, fora um fumante inveterado, não só de cigarros como também de charutos e cachimbos. Fumar para ele havia-se tornado algo tão natural como a retribuição de uma continência. Era parte de sua vida, e antes não tinha planos de desistir do hábito.

Mas durante as semanas em que o militar esteve acamado, tivera tempo para pensar sobre muitas coisas, inclusive sobre seu vício de fumar. Durante o tempo da severa enfermidade, não fumara. Parecia-lhe

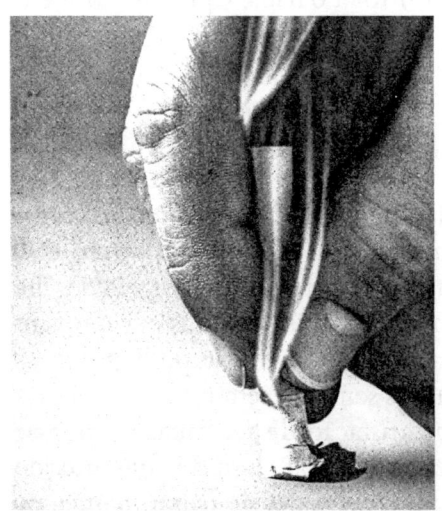

Decida-se a parar de fumar. Amarrote definitavamente seu último cigarro e emancipe-se da escravidão do fumo.

agora que a mente estava mais clara do que nunca. Estava quase livre da tosse que o afligia por muitos anos. Sua comida tinha melhor sabor, e era capaz de sentir a fragrância das flores no vaso à sua cabeceira. As manchas de fumo haviam desaparecido dos dedos. Desfrutava de um novo senso de bem-estar.

Com estas evidências das vantagens de não fumar, o melhor julgamento do coronel forçou-o a concluir que o fumar era não só desnecessário como deprimente. Até calculou, enquanto no leito hospitalar, quanto dinheiro poderia economizar cada ano por não ter de comprar cigarros, charutos ou fumo. Começou a sentir-se orgulhoso pelo fato de ter passado seis semanas sem fumar. Tendo se abstido por seis semanas, julgou poder continuar permanentemente como um não-fumante. Quanto mais pensava nisso, mais se determinava em demonstrar a si próprio e a outros que podia controlar o hábito que anteriormente o dominava. E conseguiu!

Reforçando a determinação

O apelo humano para a satisfação de desejos não pode ser anulado com facilidade sem substitutos adequados. O fumante, a fim de interromper o hábito, deve estar convencido de que maiores satisfações lhe resultarão por deixar de fumar do que as que derivam do vício. Se por alguma maneira ele pode passar as primeiras duas ou três semanas sem fumar, começará a descobrir que a satisfação de ser capaz de pensar com clareza, de estar livre da tosse do fumante, de poder dormir melhor, de poder desfrutar de melhor paladar e olfato e de ter a garantia tangível de que agora é quem comanda seu próprio comportamento, supera em muito o suposto prazer que costumava obter do vício de fumar.

O primeiro perigo que se enfrenta, uma vez reconhecida a necessidade de parar de fumar, é o perigo da procrastinação. Trata-se de uma fraqueza infantil conservada até a idade adulta — a tendência de dizer "depois, mais tarde". Os que não desejam admitir derrota acham nisso uma maneira fácil de contornar um problema, mediante a técnica da procrastinação.

O êxito em deixar de fumar requer a escolha de um tempo oportuno e depois um esforço concentrado centralizado na data escolhida, exatamente como o viajante toma providências para embarcar no avião no dia e hora especificados na passagem.

E, falando de escolha de uma data, certifique-se de que escolheu uma ocasião favorável. Deve reconhecer de antemão que deixar de fumar não é tarefa fácil. Portanto, procure acumular toda vantagem razoável possível. Escolha uma época em que não há de estar sob tensão extra, quando sua vida estiver decorrendo de maneira serena e sem novidades, quando estiver sentindo-se bem e estiver apto a enfrentar o desafio de uma situação difícil.

Anuncie o seu prazo fatal. Conte a seus familiares e amigos que irá deixar de fumar a partir de certo dia. Divulgue suas intenções de maneira tal a não ter outra alternativa que não empenhar-se em seu plano de parar de fumar. O fato de ter feito alarde de seu autodomínio fará com que seja quase impossível mudar de idéia quando as penas do desejo assim o tentarem.

Mesmo antes da data estabelecida para começar, imagine recursos para superar ocasiões em que sabe que será mais tentado a fumar. Pense nessas situações e pratique os pensamentos que deverá ter em tais épocas, a fim de manter sua determinação. Se as ocasiões temidas são aquelas em que estiver na companhia de outros que fumam, pratique os comentários que fará. Decida como responderá aos que lhe perguntarem — por quê?

Chega a data estabelecida

Ao aproximar-se a data em que vai parar, considere antecipadamente essa ocasião como o tempo em que se emancipará da escravidão do fumo. Durante o tempo de espera, diga de si para si: "este é meu último maço". Conforme o número de cigarros desse último maço for baixando, conte-os, controlando seu número como se estivesse participando de uma operação militar seguindo uma programação estabelecida. Ao chegar finalmente ao último cigarro, faça em torno disso o máximo de cerimônia. Chame a atenção de sua família ao fato de que é o seu último.

Não caia na armadilha do programa de diminuição gradativa. Para o fumante médio, isto é tão mal quanto a prática de postergar a data fatal. Torna-se muito fácil modificar prazos e datas num plano de diminuição gradativa. Essa prática prolonga a agonia e retarda o tempo em que estará realmente começando a desfrutar as vantagens da libertação do vício. Não lhe concede nenhum símbolo tangível da mudança em seu padrão de comportamento. Se desistir do processo de eliminação pelo plano de diminuição gradativa, é fácil apresentar a desculpa de que ainda o está seguindo.

Após chegar a data, começará a imaginar quão grande haverá de ser o seu sofrimento. Naturalmente, esperará que seu anseio por fumar será algo terrível.

Passa-se meia hora e um pensamento aflora-lhe na mente: "estou me tornando uma pessoa livre". Uma hora completa transcorre — "até aqui, tudo bem". Talvez as primeiras duas horas ou a primeira metade de um dia não parecerão tão duras quanto esperou ser. Mas haverá um momento em que o anseio por um cigarro quase o dominará. Talvez uma pequena contrariedade levá-lo-á a automaticamente buscar no bolso o maço de cigarros que ali costumava estar. Ficará exasperado por um segundo. São em ocasiões como essas que precisará ficar firme, alerta a todos os seus procedimentos.

Verdadeiramente, a tentação é forte. Mas agora que é senhor de si mesmo, poderá agüentar e esperar que o anelo se desvaneça. Permita que se passe um minuto. Provavelmente não perceberá qualquer diferença ao final de um minuto. Tente um segundo minuto para ver o que acontece com seu desejo. Lide com o problema um minuto de cada vez. À medida que suportar tudo pacientemente, só um resultado advirá — o desejo há de desaparecer.

Com certeza o desejo voltará. Cada vez, porém, que o superar pacientemente e observá-lo esvaindo-se, acrescentará uma nova vitória à evidência de que é senhor de seu vício.

A maior tortura ao interromper-se o vício de

fumar manifesta-se em maior intensidade na primeira semana. Poderá medir-se por esse período de tempo. Após ter-se passado um dia, poderá dizer: "somente mais seis dias e a primeira semana terminará". Posteriormente terá condições de dizer: "sobrevivi à primeira semana; estou certo de que superarei as demais". O desejo intenso poderá voltar de quando em quando, por muitos meses. Mas a tentação nunca o dominará desde que sempre se mantenha alerta.

Um pequeno truque que ajuda durante o tempo difícil de interrupção do vício é a prática regular de respiração rítmica. O fumante interrompe seu círculo respiratório, a fim de acomodá-lo aos mecanismos do fumar. A média normal de respiração equivale a dezesseis vezes por minuto. Pratique este ritmo, mas seja cuidadoso para não respirar muito profundamente de cada vez. A prática desse ciclo regular de respiração lhe dará algo para fazer em tempos em que, de outro modo, poderia estar ansioso por um cigarro.

Cuide bem de si mesmo enquanto estiver interrompendo o vício. Torne a vida fácil e busque mesmo manter bom humor. Obtenha o máximo de sono possível. Coma aquilo de que gosta e o quanto desejar. Não é provável que vá aumentar de peso até que o vício esteja totalmente dominado. Mesmo que ganhe um ou dois quilos nesse período, isso não se deve constituir em motivo de preocupação. Desfrute o tipo de entretenimento que achar melhor. Não tente resolver quaisquer problemas difíceis exatamente agora. O tornar a vida o mais agradável possível manterá seus pensamentos afastados do problema que enfrenta no empenho de interromper um vício arraigado.

Procure entusiasmar-se pelo progresso que está conseguindo. Ao contar a seus amigos que deixou de fumar, procure observar de maneira especial a inveja que demonstram pelo seu êxito. Fale-lhes das vantagens que já notou ter conquistado. Encoraje-os a seguirem seu exemplo.

Antes de pegar no sono cada noite, pense nos acontecimentos do dia e congratule-se pelo seu bom desempenho. Isso lhe infundirá coragem para enfrentar um novo dia. Tome nota cuidadosamente das vantagens que agora percebe por ter deixado de fumar. Permita-se sentimentos de piedade por aqueles que ainda são escravos do cigarro.

Muitas pessoas derivam alguma ajuda pelo simples expediente de manter mãos e boca ocupadas. Carregue amendoins no bolso, ou goma de mascar. Cada vez que o velho hábito tentá-lo, comece a mastigar algo.

Enquanto estiver nesse empenho, evite a companhia daqueles que estão fumando. Mas tão logo conseguiu progressos definidos, orgulhe-se em ser capaz de conversar com alguém enquanto fuma sem permitir que isso desperte seu antigo anelo por um cigarro.

Algumas pessoas obtêm alguma ajuda com o uso de pastilhas medicinais, desinfetantes bucais ou outras soluções apropriadas. Existem disponíveis em várias drogarias, destinadas especialmente àqueles que desejam abandonar o vício de fumar. Seu médico poderá orientá-lo sobre o preparado com que tem tido mais sucesso.

Na maioria dos casos, o uso de lobelina reduz o desejo do indivíduo por cigarro. Uma vez esteja o desejo por um cigarro sob controle, a dosagem de lobelina pode ser gradualmente reduzida.

A melhor motivação

A razão básica por que muitas pessoas fracassam em suas tentativas para deixar de fumar é que seu desejo de deixar não é suficientemente forte. Uma determinação genuína, dominante para ser liberto do vício, conduzirá a pessoa através do período difícil em que seu desejo por um cigarro quase sufoca seu bom-senso.

Algumas pessoas desejam deixar de fumar a fim de preservar a saúde. Como explicado anteriormente neste livro, o fumar aumenta as perspectivas de uma pessoa contrair enfermidades e, portanto, encurta seu período de vida. O conhecimento disso faz com que muitos fumantes desejem abandonar seu vício. Outros obtêm tal determinação de maneira repentina, após o médico descobrir deficiências cardíacas ou lesões pulmonares suspeitas. Quando um médico admoesta — "acabe com seu vício de fumar antes que ele acabe com você" — o fumante repentinamente, descobre que não defronta um mero risco estatístico, mas um perigo real e pessoal. Seu desejo de parar de fumar subitamente atinge níveis elevados. Seu êxito nesse intento, porém, depende do que é mais forte: sua determinação por parar de fumar ou seu anelo pelo cigarro.

Algumas pessoas desejam parar porque reconhecem que o fumar está interferindo em sua eficiência pessoal. O atleta que realmente queira destacar-se precisa reunir determinação suficiente para pôr de parte seu hábito de fumar. O estudante que reconhece que o fumo reduz sua habilidade para pensar e raciocinar é forçado a decidir entre seu desejo de destacar-se como um vitorioso e a questionável satisfação que deriva do vício.

Há outra motivação disponível para a pessoa que deseja parar de fumar, ainda melhor do que o temor de câncer pulmonar ou o desejo de destacar-se como um atleta ou um intelectual. Sua motivação superior advém de uma determinação íntima da parte do viciado em tornar-se uma pessoa melhor.

Um relance nas razões para o fumar põe à tona o chocante fato de que são todas egoístas. Uma pessoa não fuma para o benefício de outrem. Fuma para satisfazer um desejo pessoal. O fumar é uma condescendência. É egoísta por natureza. Uma vez estabelecido, leva o fumante a continuar nessa condescendência mesmo ante a objeção de outros ou mesmo que seja inconveniente.

"Incomoda-se por eu fumar?"

Esta cortesia peremptória, geralmente apresentada com o cigarro à mão ou já no canto da boca, é uma boa pergunta se feita com sinceridade. O problema é que poucos não-fumantes, nesse ponto, neguem ao fumante o seu privilégio. Assim, há pouco de cortesia na indagação. Se o fumante deseja ser sinceramente cortês, perguntará com as mãos vazias — "você fuma?" Uma resposta negativa fará com que deixe o maço no bolso.

Nossa preocupação aqui, contudo, não é primariamente boas maneiras, mas saúde. Se eu me incomodo se fumar? Sim, meu amigo, eu me incomodo. Não desejo vê-lo a morrer de câncer pulmonar ou sofrendo quaisquer das enfermidades causadas pelo cigarro, ou vítima das limitações que foram explicadas nas páginas deste livro. Prefira vê-lo desfrutando a vida de maneira integral, tendo um paladar bom, uma respiração desimpedida, circulação sangüínea incontaminada, e uma mente clara.

Como deixar de fumar em cinco dias

O material constante desta seção, todo ele resultado de prolongado experimento ao longo de vários anos do curso "Como Deixar de Fumar em Cinco Dias", experiência testada, sobejamente provada e, por isto mesmo, mais do que aprovada em seus resultados positivos em diferentes partes do mundo, é oferecido pela *Associação Mundial de Temperança,* entidade mantida e supervisionada pela Igreja Adventista do Sétimo Dia.

Programa individual para deixar de fumar

1º Dia

1. Recolher-se mais cedo para dar repouso aos nervos.
2. Levantar-se um pouco mais cedo, porém, descansado.

Antes de deitar. Imediatamente antes de recolher-se, faça o seguinte:

1. Um pequeno passeio — praticar respiração profunda.
2. Banho ou ducha morna — não quente — para relaxar.
3. Se tiver o hábito de tomar algo morno antes de deitar (leite, chá, etc.) poderá tomar, mas **nenhum outro líquido**. O uso de bebidas alcoólicas deve ficar eliminado durante estes 5 dias.
4. Reafirmar sua decisão: "Hoje resolvi deixar de fumar".
5. Levar este programa para perto do leito. É a primeira coisa de que necessitará ao acordar. **Ponha seu despertador meia hora mais cedo.**

Ao levantar. Pensamento: "Resolvi deixar de fumar para o meu próprio bem, e dos que me são caros".

Use sua força de vontade: "Resolvi **não tornar a fumar**, não importa quão forte seja a ânsia". Repita isto várias vezes, a sério.

1. Banho ou ducha morna, relaxante, antes do desjejum, o que é indispensável.
2. Um ou dois copos de água antes do desjejum.
3. Agora, a **caminho da cozinha**, coma bastante fruta fresca, use suco de frutas ricas em vitamina C (laranja, tomate, *grapefruit*, limonada), lavando os **resíduos de nicotina de seu organismo,** banhando cada célula, para reduzir a vontade de fumar. Se precisar de algo mais sólido, use ovos cozidos e torradas. Evite café. (Se imagina ser o preço das frutas muito caro, conserve em mente que o preço do cigarro é muito maior, e nenhum benefício lhe traz.)

Você evitará: Pimenta, carnes e alimentos condimentados, mostarda, vinagre, molho de tomate condimentado, picles, azeitonas, queijo forte e sobremesas ricas e pesadas. Evite **toda e qualquer bebida alcoólica!**

Você sabia... que muitos têm dificuldades de deixar de fumar por causa dos alimentos de que se servem? Alguns são alimentos estimulantes, e despertam a vontade de fumar.

Imediatamente após o desjejum: Respiração de ar puro — Um passeio de 5 minutos, se possível.

No trabalho: Nada de cigarros. Lembre-se de que não os tem: "Resolvi deixar de fumar". Silenciosamente, ore: "**Dá-me forças**". Continue orando. Auxílio: goma de mascar sem açúcar ou medicinal.

No almoço: Faça um cardápio vegetariano. Use abundantemente frutas e verduras. Sopa, salada, etc. Se usar frutas, não use verduras na mesma refeição.

Imediatamente após o almoço: Se possível, vá ao ar livre, respire profundamente.

Pensamento do dia: "Pode ser que seja duro, mas agora estou **efetivamente** rompendo com o hábito de fumar!"

Em casa: Evite o ócio. Ocupe-se com uma leitura útil, por alguns minutos que seja. Acima de tudo mantenha-se longe:

a) Daquela sua poltrona favorita...

b) De qualquer bebida alcoólica. Um pequeno trago pode pôr tudo a perder. Vá cedo para a cama.

Mas... e se você reincidiu e fumou algum cigarro hoje? Então, lembre-se de que: Você pode ter perdido uma batalha, mas isto não quer dizer que tenha perdido a guerra. Siga este programa com mais cuidado.

2º Dia

Prezados alunos, vocês estão no ápice de uma das mais fascinantes e compensadoras conquistas.

Programa:

Jantar: Leite, frutas. Se precisar de algo mais sólido, aqui está um cardápio sugestivo. Sopa de aveia, de preferência com sal. Sopa de verduras e massa. Salada, requeijão. Pão, de preferência integral, com manteiga e mel. Leite ou suco de frutas.

Terminado o jantar: Saia imediatamente; se possível vá ao ar livre fazer exercícios de respiração por alguns minutos, e pense nisto: "A morte por cân-

Terminado o jantar, saia para fora, ao ar livre, e respire profundamente por alguns minutos. Repita mentalmente sua decisão de abandonar definitivamente o hábito de fumar.

cer do pulmão pode atingir-me". Já decidi romper com o hábito de fumar.

Ao despertar: 1) Recorra à sua força de vontade: "Resolvi não fumar hoje". 2) Ducha, ou banho morno de 5 minutos, terminando com água mais fria um pouco; friccionar bem o corpo com toalha felpuda. Alguns minutos de respiração profunda para desintoxicar as células pulmonares.

Desjejum: Concentrar-se hoje nas frutas, maçãs, laranjas, bananas, etc., que ajudam a desintoxicar o organismo. Muito suco de frutas. Mingaus, ou ovos cozidos. Torrada de trigo. O café estimula a vontade de fumar. Não o use.

Se a tensão aumentar... Permaneça calmo; procure o ar livre. 2) Se alguém o induz a fumar, lembre-se: "Ao menos 8 substâncias químicas cancerígenas foram encontradas na fumaça do cigarro".

Sente forte vontade de fumar?... Então faça o seguinte:

1. Adote postura ereta, quer sentado, quer de pé. **Respirar ritmicamente.**
2. Vá para o ar livre, se possível.
3. Recorra à força de vontade: Resolvi não fumar! Não me deixarei vencer.

Durante a hora do "cafezinho": Mantenha-se longe dos amigos fumantes e beba algo diferente: suco de frutas ou água, em quantidade.

Almoço: Deverá ser tomado, acompanhado de frutas frescas. Evitar carnes, alimentos assados e condimentados e fritos; como sobremesa: mais frutas. Depois, retire-se imediatamente para o ar livre.

Durante a tarde: Evite aborrecer-se com pequenas coisas. Decida-se já a viver acima dos pequenos aborrecimentos. Nervos agitados provocam o desejo de fumar.

Lembre-se: Entre os que fumam duas carteiras por dia, há um caso de câncer pulmonar em cada 10 indivíduos; entre os não-fumantes, 1 caso em cada 270.

No meio da tarde, "você deve": 1) Telefonar, ou visitar seu amigo, por instantes, para falar-lhe de seu propósito. Faça isto já. 2) Está você tomando as quantidades de líquidos que se propôs?

Não desanime. Recorra à sua força de vontade!

A vitória ainda está ao seu alcance. Herói nem sempre é o que vence, mas aquele que, humilhado ao pó da derrota, conserva o ânimo para prosseguir a luta.

3º Dia

1. **Para o jantar:** Agora você já conhece os alimentos que despertam a vontade de fumar. Café, frituras, carnes condimentadas, etc. Evite-os. **Neste jantar tome uma refeição leve. Um estômago cheio em demasia entorpece nossa força de vontade.**
2. **Firme decisão:** Não fumarei mais. Estou decidido. Agora um pouco de terapia pulmonar. Saia ao ar livre. Alguns minutos de respiração num breve passeio.
3. **Cedo para a cama:** Não deixe a mente vagar. O ócio pode derrubá-lo. Use sua força de vontade. Se a luta for grande, faça esta prece: **"Senhor, minha vontade precisa ser revigo-**

rada. **Dá-me força neste dia crítico**". Creia que será ajudado.

4. **Ao levantar:** Não esqueça, ponha o despertador mais cedo. (O atraso provoca agitação dos nervos a ponto de clamarem por cigarros.)
5. **No desjejum:** Concentre-se em frutas ou suco de frutas. Pão integral, manteiga ou mel. Um pouco de respiração depois do desjejum. Se trabalha em atividades pesadas, coma alguma coisa mais forte, mingau, ovos quentes, etc.
6. **Antes do almoço:** Se sentir vontade de fumar, tome um refrigerante de frutas, ou 2 a 3 copos de água. Lave o organismo intoxicado. Enquanto seu organismo clamar por cigarros, é sinal de que ainda está intoxicado.
7. **Preocupações:** Faça o possível para não abordar grandes problemas.
   Evite grandes preocupações nestes 5 dias. Você está fazendo o estágio mais importante de sua saúde. Conserve-se calmo. Respire ritmicamente.
8. **Almoço:**
   Note como os alimentos agora já têm melhor sabor. O fumo amortece o paladar e este revive ao deixarmos de fumar. Siga o cardápio anterior. **Cuidado.** Saia da mesa imediatamente. Evite a companhia de fumantes.
9. **Em campo de luta:**
   Ao manifestar-se a irresistível vontade de fumar, siga este plano:
   a) A razão diz que não devo fumar mais. "Minha decisão não pode ser desmoralizada".

b) Minha consciência me fala: "**Não fume mais**".
c) Continue respirando profundamente. Desintoxique as células pulmonares.
d) Invoque ajuda divina: Faça mais uma prece.
e) **Note** que a vontade de fumar **agora** vai começar a abandoná-lo. Resista. Faça sua mente pensar em algo diferente e distante.

E agora? No fim da tarde, **como você se sente?** Mais aliviado. Sua respiração já se encontra melhor.

Consulte o médico: Se houver qualquer problema, se sentiu qualquer reação muito grande, os médicos estarão à sua disposição.

4º Dia

1. **É o grande dia:** Você está a um passo da vitória. Seu desejo de fumar está em franco declínio. E sua força de vontade está mais fortalecida do que nunca.
2. **Sob seu controle:** Agora você já tem o controle de sua força de vontade, há tanto tempo escravizada pelo cigarro. O cigarro está desmascarado.
3. Você pode tomar uma boa sopa de verduras ou comer frutas, ou um bom prato de sopa de aveia, de preferência com sal. **Frutas, suco de frutas frescas, pão integral, mel, manteiga.** Use alimentos naturais.
4. **Reações:** Se está sentindo alguma reação, não se preocupe. São naturais. É o organismo que está sofrendo uma operação de limpeza. Há

tanto tempo intoxicado, agora se ressente. Mas logo você estará livre.

5. **Antes de deitar:** Um pouco de exercício. (As pessoas que trabalham em atividades cansativas não precisam.) Respire profundamente. Vá para o banheiro. Tome um banho morno. Friccione seu corpo com uma toalha felpuda. Sua pele está expelindo enorme quantidade de tóxicos. Durma tranqüilo.

6. **De manhã:** Siga o mesmo programa de sempre, ao levantar-se. Evite o café. Continue com suco de frutas ou leite. Não ponha açúcar no leite.

7. **No trabalho:** Se se sente oprimido pelo hábito, ponha no bolso algumas balas ou chicletes. Engane o vício com uma bala.

8. **Preceterapia:** Disse Ruy Barbosa: "A prece é o maior poder à disposição do homem". Se não sente poder para vencer, ore: "Senhor, ajuda-me". A "Preceterapia" tem salvo muitas vidas. Trabalhe confiante.

9. **Almoço:** Se desejar comer algo diferente, pode fazê-lo, porém não coma nada que o intoxique. Evite muito líquido na refeição. Muito líquido retarda a digestão e pode irritar seus nervos, e estes podem clamar por cigarros.

   Não esqueça: Você está fazendo um estágio em benefício da saúde.

10. **Não esqueça:** Você está se aproximando da vitória final.

    E note: Vale a pena você continuar fumando? Sua consciência diz que não. Siga os ditames de sua consciência; é a voz de Deus que lhe fala. O vício é um pecado.

5º Dia

1. **À noite, no jantar:** Tenha cuidado. Não coma alimentos pesados que irritem os nervos. Você precisa dormir tranqüilo. Se está enjoado com as frutas, tome uma boa sopa de aveia ou maizena. Use pão, queijo, mel, manteiga. Se não estiver disposto a tanto, tome somente leite com pão integral e mel.
2. **Beba água:** A água é o mais poderoso restaurador dos tecidos. Beba muita água, porém, nunca na hora da refeição. Sempre nos intervalos, de preferência uma hora antes de cada refeição. Ao levantar-se, beba sempre dois ou três copos para lavar o estômago. Faça uma operação-limpeza.
3. **Preceterapia:** Se a ânsia de fumar oprimi-lo, siga o exemplo de Alex Carrel, Marconi, Ruy Barbosa, Lincoln, Washington e tantos outros grandes personagens da História, que confessaram haver alcançado a vitória sobre os joelhos. Continue fazendo esta prece:
"**Senhor, ajuda-me a abandonar este vício. Ajuda-me a vencer. Não me abandones, Senhor.**"
4. **De manhã:** Agora seus pulmões respiram mais livremente. Os alvéolos estão em processo de limpeza. As células estão sofrendo uma verdadeira faxina terapêutica.

5. **Muito cuidado:** Não fique ocioso. Aproveite o dia para alguma coisa útil. Faça bastante exercício. Seria ideal um passeio ao ar livre, fora da cidade, onde você poderá respirar profundamente, a fim de expelir os últimos resíduos de fumo do organismo.

Repetimos aqui a fórmula do medicamento mais usado para deixar de fumar:

Nitrato de prata solução a um por mil (1%/00) em água destilada — 300 c.c. Só para gargarejar 5 vezes ao dia.

Meu voto

Reconhecendo os males que o tabagismo vem causando à humanidade, e ciente de que o cigarro é um cruel inimigo de minha saúde e de minha vida, prometo, com a ajuda de Deus, desta data em diante, eliminar de meus hábitos o uso do fumo, quaisquer sejam as suas formas.

Ass.: _____

Data: _____

O FUMO E
A SUA SAÚDE
Dr. Adrián Vander
Editora Mestre Jou
Formato: 13x18
176 páginas
São Paulo
1967

Por que se fuma? Importância atual do vício de fumar

Dr. Adrián Vander

Há muitos anos que tínhamos projetado a publicação desta obra dedicada ao fumo. Muitíssimos leitores haviam solicitado, mas outros muitos assuntos mais urgentes reclamaram nossa atenção, obrigando-nos a atrasar a saída deste livro. Com efeito, recentemente estivemos empenhados no preparo das obras *Distúrbios da Vida Conjugal* e *Parto sem Dor** (ambas surgidas pela primeira vez) e na reforma do

---

* Edição Mestre Jou, 1967.

Guia Médico do Lar (Moderna Medicina Natural) e *Crianças Sadias e Fortes*.

Finalmente pudemos aproveitar uma vaga em nossa atividade para dedicá-la à redação desta obra, que julgamos muito necessária e que, carinhosamente, oferecemos aos nossos leitores com os melhores desejos de que lhes seja útil.

Como não somos sectários nem fanáticos, nosso propósito ao escrever este livro não é de modo algum realizar uma **crítica ao fumante**. Pelo contrário, temos para com ele a máxima compreensão, visto que não é em vão que somos médico e psicólogo e conhecemos os problemas e dificuldades daquele que se acha escravizado por esse vício; mas sabendo também, por nossa profissão, quão nocivo é para ele esse mau costume, estamos convencidos de que para **ajudá-lo** a se libertar do hábito, devemos mostrar-lhe a realidade dos fatos.

Por outro lado, não teríamos resolvido escrever esta obra se antes não tivéssemos procurado e encontrado soluções eficazes para os fumantes, as quais são oferecidas nestas páginas.

Julgamos curioso e interessante dar antes de tudo aos nossos leitores umas breves notas sobre a origem do fumo. A história desta planta começa a 13 de outubro de 1492, quando Cristóvão Colombo desembarcou na ilha chamada São Salvador. Os nativos dessa ilha, para granjear as boas graças dos visitantes, deram-lhes presentes esquisitos, entre os quais se encontravam algumas folhas secas, em que os espanhóis não acharam nenhuma utilidade. Os indígenas aspiravam a fumaça dessas folhas queimando-as em recipientes que na sua língua denominavam "tabasco". Ainda não eram passados cinqüenta anos, o "tabasco" era muito procurado na Europa e foi recomendado por suas propriedades medicinais ao embaixador da França em Lisboa, Jean Nicot, que deu seu nome à nicotina. Dentro do mesmo século, o hábito de fumar em cachimbo arraigou-se na Inglaterra. Sobreviveu aos editos publicados por Jaime I, quando ainda não fazia um ano da sua ascensão ao trono, para impedir o gosto pelo tabaco (fumo), qualificando o costume de fumar como um hábito nauseabundo, nocivo aos olhos, odioso para o nariz, prejudicial ao cérebro e perigoso para os pulmões. No continente, em que os repressores eram ainda mais enérgicos, o costume de fumar teve menos apego. Na Rússia, os fumantes eram castigados mediante a amputação do nariz, e no cantão suíço de Berna, o fumar era considerado pouco menos odioso do que o adultério. A proibição de fumar nas ruas mantinha-se rigorosamente, em Berlim, até o ano de 1849. Na América, o fumo garantiu a sobrevivência do Estado de Virgínia, preparando a introdução da escravatura, para suavizá-la depois. Tornou possível e necessária a compra de Luisiânia e, depois da Guerra Civil Americana, ajudou a criar a nova prosperidade dos Estados do Sul. Os colonos de Virgínia usaram o fumo como moeda, fato que a ninguém surpreenderá, visto que o mesmo aconteceu na última Guerra Mundial.

* * *

Lutar contra o vício de fumar é tarefa de urgente necessidade. Esta necessidade confirma-se cada dia ao compasso das modernas pesquisas. Para citar apenas o testemunho de uma figura mundial da Medicina, vamos lembrar umas palavras pronunciadas pelo doutor Marañón na sessão realizada na Academia Cirúrgica Espanhola sobre o tema "Experiência sobre a patologia do fumo".

"Dá-se o caso surpreendente de, enquanto se difunde a necessidade do diagnóstico precoce do câncer, não se aludir nunca, nem mesmo por alto, ao perigo da nicotina a esse respeito, perigo que constitui uma das poucas noções na etiologia do câncer. Oitenta por cento dos doentes de câncer no pulmão procedem de homens que fumam."

Felizmente, de dia para dia é mais geral a certeza de que o fumo é prejudicial. Deve-se, porém, reconhecer que até há pouco tempo não se havia iniciado qualquer estudo científico adequado à importância do assunto. Como disse o próprio doutor Marañón: "Nos tratados de toxicologia, qualquer veneno com que provavelmente o médico não irá jamais se encontrar, ocupa mais páginas do que o da nicotina, com o qual ele vai se encontrar a cada passo".

Como se explica que uma questão importantíssima para a saúde pública tenha permanecido até há pouco tempo tão descurada?

Vários são os motivos dessa anomalia. Por um lado, o fato de, quando um costume se torna inveterado, surgirem múltiplos obstáculos para eliminá-lo. É nadar contra a correnteza. Os médicos é que deveriam iniciar esse trabalho, mas estes, antigamente, em sua maioria, fumavam, motivo por que lhes faltavam autoridade e poder convincentes para aconselhar aos outros que se abstivessem de fazer uso do fumo.

Em torno do fumo e do médico contam-se muitas anedotas, mais ou menos autênticas. Uma delas que bem poderia ter acontecido, é a daquele médico que, depois de examinar o paciente, faz a seguinte recomendação:

"— Depois do almoço e do jantar repouse um pouco e fume apenas um cigarro.

— Um cigarro?

— Sim. Mas somente um.

Após uma semana, o doente piora. O médico não lhe dá nenhuma explicação, repreendendo o paciente.

— Talvez não tenha feito o regime que lhe recomendei.

— Sim, doutor, ao pé-da-letra. O que mais me custa é isso do cigarro.

— Pois terá que se acostumar; seu estado não lhe permite fumar mais do que dois cigarros por dia.

— Creio que isso é que me fez piorar, doutor; como nunca havia fumado!..."

Hoje as cousas mudaram. Cada dia são mais numerosos os médicos que não fumam, pois conhecem melhor que ninguém quão nocivo é o fumo para a saúde.

Outro fator que tem ocasionado a expansão do vício, é a crença popular de que o fumar é sinal de virilidade e que o homem que não fuma é pouco masculino. Para a propagação do fumar entre as mulheres, contribuiu certa masculinização de costumes que se observa no sexo feminino, particularmente desde o triunfo do feminismo e especialmente na América do Norte. Mas destes aspectos do problema trataremos com mais detalhes em outro capítulo.

Devemos reconhecer que as guerras, por sua vez, contribuíram poderosamente para a expansão deste vício e de outros. Nos Estados Unidos, país das estatísticas, pode comprovar-se que após a última Guerra Mundial aumentou o número de fumantes e que as pessoas que já fumavam consumiam 50% de fumo a mais do que antes.

Como caso curioso, também na América do Norte, e que mostra que o público já começa a perceber os prejuízos do fumo, mencionaremos a notícia, aparecida em alguns jornais, segundo a qual o sr. Edwin M. Green havia movido uma ação contra a "American Tobacco Company" exigindo-lhe 1.500.000 dólares de indenização por perdas e danos, porque — segundo o autor da propositura — os cigarros fabricados pela referida companhia produziram-lhe o câncer. Acrescentava o peticionário que fumava dois maços de fumo suave desde 1924.

Também, recentemente, na Inglaterra, o secretário do Ministério da Saúde, sr. Vaugh-Morgan, declarou na Câmara dos Comuns: "O Conselho de Pesquisas Médicas aconselhou ao Governo a adoção de certas medidas preventivas, visto ter aumentado o número de falecimentos provocados pelo câncer no pulmão, entre a população masculina, durante os últimos 25 anos, devido, em grande parte, ao vício do fumo e, principalmente, ao abuso de fumar cigarros". Acrescentou que o ministro da Saúde faria uso de todos os recursos para demonstrar a relação existente entre o uso do fumo e o câncer no pulmão, promovendo campanhas de propaganda, colocando anúncios em lugares públicos e fazendo com que os funcionários da Saúde facilitem ao povo toda espécie de detalhes sobre o tema.

Também o Governo holandês publicou os resultados de pesquisas médicas oficiais realizadas a respeito, ordenando as oportunas campanhas de propaganda.

Na Noruega, as autoridades esperam os informes da comissão investigadora nomeada, para tomar novas determinações sobre o fumo.

A Comissão de Investigações sobre o Câncer, do Ministério de Saúde da França, está estudando as relações que possam existir entre esta doença e o hábito de fumar.

Na Espanha, realizam-se importantes investigações sobre este problema.

Não basta, porém, que os indivíduos conheçam os perigos do fumo para que deixem de fumar. Conhecemos alguns que, apesar de sofrerem bronquite do fumante, úlcera gástrica, doenças do coração ou velhice prematura, e proibidos pelo médico de fumar, não podem prescindir desse costume. Encontram-se em um grave conflito: se fumam, aumentam os seus males: tosse, dificuldade de respirar, más digestões etc. Se não fumam, sofrem pela privação do fumo.

Mais adiante verá o leitor como se pode resolver esse problema em que o fumante se encontra, para dizê-lo vulgarmente, "entre a cruz e a caldeirinha".

Por que você fuma?

*Convém-lhe que conheça as
dez causas principais do vício*

Se lhe perguntarmos por que você fuma, provavelmente não saberá o que responder. Dirá talvez que o faz porque acha agradável, porque desanuvia a cabeça ou porque, quando deixa de fumar, nota uma série de perturbações.

Na realidade, não são estas as verdadeiras razões por que você fuma — e tentaremos demonstrá-lo cabalmente. É muito importante averiguar as causas reais do vício de fumar, porque só assim é possível suprimi-lo radicalmente, de modo que a pessoa não tenha jamais de recorrer ao fumo e nem mesmo dele se lembrar.

As causas do fumar costumam ser diversas; em geral, combinam-se várias delas na mesma pessoa e por isso se torna tão difícil, habitualmente, deixar de fumar. Vamos a seguir comentá-las com a ampliação que merecem.

1ª – Afã de imitação

As crianças e os jovens começam geralmente a fumar porque sentem necessidade de fazer o que vêem os adultos fazerem. Particularmente é a imitação do pai que os leva ao hábito de fumar. É nessa idade que se considera o pai como a imagem da superioridade. Tudo aquilo que ele faz desperta a admiração do filho, e este tende naturalmente a imitá-lo.

Essa sensação subconsciente, embora pouco clara, de se aproximar do poderio e da superioridade do pai, persiste no jovem cada vez que este mecanismo subconsciente o inclina a perseverar no vício.

Por este mesmo motivo é que é muito freqüente o costume de as crianças pedirem aos pais que lhes comprem cigarros de chocolate, para terem a ilusão de que fumam e de que já são maiores. É o impulso ou desejo de crescer, de serem maiores, que os leva à imitação dos adultos.

Quando puderem, embora às escondidas, acenderão seu cigarro e suportarão corajosamente os incômodos que lhes causa (enjôo, salivação, ardência nos olhos, vômitos), contanto que se igualem aos pais e aos adultos.

É preciso reconhecer que esse afã de imitação é inerente ao ser humano. A maioria das pessoas faz o que vê fazer, segue a corrente porque não possue uma personalidade própria e vigorosa. Ir contra a corrente exige um esforço só possível às pessoas de caráter bem formado, dependendo este, em grande parte, da educação que tenham recebido.

Os que têm filhos compreenderão a responsabilidade ao educá-los. Antes de tudo, recomendamos-lhes que não fumem, para que possam aconselhar os filhos com a força poderosa do exemplo. Os que têm a infelicidade de fumar, devem explicar-lhes que não tiveram a sorte de ser prevenidos contra esse vício, que ignoravam seus perigos e que, achando-se agora dominados por esse costume tão difícil de vencer, os advertem para que não se vejam na mesma situação futuramente.

2ª – Ignorância

Muitas pessoas começam a fumar porque acreditam que o fumo não prejudica e que traz algumas vantagens. Por exemplo, dizem que desinfeta as vias respiratórias, que alivia a cabeça, que tonifica o organismo, que possui um leve efeito laxativo, etc. Em certas épocas, acreditou-se sinceramente nessas propriedades benéficas do fumo. Atualmente já não são levadas em conta, segundo veremos ao detalhar os verdadeiros efeitos do fumar.

3ª – Luxo e presunção. Vaidade social

Para muitas pessoas, especialmente entre as mulheres, o fato de fumar constitui um motivo de brilho pessoal: exibem por coquetismo cigarros caros, piteiras magníficas, isqueiros valiosos. Com os movimentos das mãos mostram os anéis e as pulseiras. Em conjunto, crêem executar um cerimonial distinto, que torna a pessoa mais interessante.

Por outro lado, o fato de oferecer e aceitar cigarros nas reuniões sociais, é considerado de bomtom e na realidade transformou-se em um dos aspectos mais comuns da vaidade social.

Recordamos o caso de um amigo nosso que, após uma infância economicamente difícil, conseguiu uma situação francamente próspera. Durante toda a vida, desejou ardentemente igualar-se aos ricos, sentindo profundamente o fato de não ser um deles e julgando-se por isso humilhado. Sendo na realidade um regular fumante, quando se viu com boas disponibilidades econômicas, impôs-se a obrigação de fumar grossos charutos de Havana, quanto mais ostentosos melhor; usava-os exageradamente e oferecia-os a amigos e conhecidos.

Exemplos semelhantes poderiam multiplicar-se indefinidamente.

4ª – *Ânsia de masculinidade*

Constitui talvez o mais poderoso motivo pelo qual os homens fumam. Este aspecto da questão foi particularmente bem assinalado pelo doutor Marañón.

O adolescente crê que fumando adquire mais categoria de homem, e ainda mais pelo fato de saber que se expõe assim aos perigos do fumo. Em síntese sente, deste modo, a satisfação de se portar como um autêntico varão. Acrescenta-se a isto, habitualmente, o fato de desobedecer às ordens de não fumar recebidas dos pais, mestres e superiores.

É interessante observar o comportamento dos jovens em seu trato com as mocinhas da mesma idade. Não demora muito e o rapazinho acende cerimoniosamente um cigarro, fumando ostensivamente diante delas. Efetivamente, está provado que os homens, jovens ou não, resistem mais dificilmente ao impulso de fumar quando em presença de mulheres jovens e atraentes. Mais adiante, diremos algo semelhante a respeito das mulheres que fumam.

Quando o homem, já adulto, fuma, costuma sentir de maneira mais ou menos inconsciente algo daquela satisfação, daquela superioridade, daquele orgulho que experimentou na meninice quando conseguia fumar às escondidas, com a vantagem de que agora pode fazê-lo diante de todos, sem ser repreendido.

Nesta ordem de idéias, está comprovado que o fumar é mais comum entre os homens particularmente interessados em atrair as atenções femininas. Certamente, Dom João Tenório fumaria, assim, como beberia e jogaria, se tivesse nascido em uma época posterior.

Confirma o que foi dito sobre a ânsia de masculinidado o fato freqüentemente observado em muitos homens que fumam, sem estar na realidade viciados, e sem que gostem realmente do fumo, cujos malefícios suportam "corajosamente". E este absurdo tem lugar pela divulgada e tola idéia de que o fumar "masculiniza".

5ª – Tédio. Solidão

Muitas pessoas necessitam de constantes distrações para não se entediarem. Estando em geral habituadas a ter a atenção posta nos estímulos externos, sentem-se como vazias quanto estes faltam, necessitando procurar imediatamente novos estímulos. Então, é quando recorrem com facilidade ao fumo, procurando-o como uma distração e um passatempo que faça esquecer o seu tédio.

A que se deve tanto tédio? A que em nosso gênero de vida atual não se ensina suficientemente o ser humano a cultivar seus valores internos: o caráter, a bondade, a inteligência, os afetos, o verdadeiro amor, o gosto estético, etc. Dá-se, pelo contrário, a máxima importância aos valores materiais da vida, isto é, aos objetos do exterior, descuidando do desenvolvimento da própria personalidade, que é a única coisa que pode proporcionar verdadeira satisfação interior.

Esta sensação de tédio cria no homem moderno aquilo que os filósofos atuais denominam de "o vazio do tempo". Esta angustiosa sensação de vazio é o que obriga o homem a procurar excitantes, entre os quais o fumo.

A sensação de tédio vem habitualmente acompanhada do sentimento da solidão. Não quer isso dizer que o homem se veja materialmente só, mas que se sente incapaz de gozar da companhia das pessoas que o rodeiam comumente. Esta penosa impressão inclina-o também ao uso do fumo como compensação.

6ª – Você sente angústia, medo, preocupações, insegurança, tristeza, sem motivo?

A moderna psicologia provou que as pessoas que se sentem mais ou menos infelizes, que sofreram, que têm preocupações, angústias, temores, etc., em regra geral acham-se mais expostas à aquisição de algum vício, como o fumo, o abuso de bebidas alcoólicas, a gula, o jogo, os prazeres sexuais, etc. É como se o indivíduo desejasse alienar-se da realidade, esquecer as emoções que continuamente o atormentam e sonhar um pouco.

É certo, porém, que passado o momento da distração ou do prazer, ele se encontra no mesmo estado de alma anterior e tem de enfrentar novamente todas as preocupações internas que tinha, sente necessidade de recorrer outra vez ao tóxico, e é assim que começa o hábito.

Lembramos aqui o caso curioso de um paciente que todos os anos, durante as suas férias no campo ou na praia, não sentia necessidade de fumar. Ao contrário, logo que regressava à cidade, e portanto ao trabalho, voltava ao vício. Dizia ele que, em contato com a natureza, sentia-se tão feliz que não tinha necessidade de fumar. Na cidade não poderia prescindir do fumo, apesar de sofrer de bronquite e distúrbios nervosos (irritabilidade, mau-humor, insônia, etc.). Prescrevemos um tratamento curativo adequado ao seu caso. Uma vez curado completamente da bronquite e dos distúrbios nervosos, não voltou a fumar. Sentia-se muito mais feliz do que antes, mesmo na cidade.

A maioria das pessoas sofre com as contrariedades, quando alguma coisa lhes sai mal ou fracassam os seus projetos. As adversidades e fracassos causam-lhes nervosismo, necessitando então de mais distrações e prazeres para afogar o sofrimento, embora apenas momentaneamente. Só o caráter amadurecido e íntegro é capaz de vencer as impressões desagradáveis que produzem as contrariedades, sem cair em algum vício. Falaremos, porém, de tudo isso, com mais detalhe, em outros capítulos.

Veio consultar-nos um senhor de cinqüenta anos, fabricante de calçados, que sofria de pressão alta, insônia e grande excitação nervosa; recentemente havia sofrido um pequeno ataque de apoplexia. O que mais o molestava era uma grande insônia, pois há vários meses que não podia dormir. A ameaça de apoplexia assustou-o, e ele resolveu consultar-nos.

Começando a falar com ele, notamos que era uma dessas pessoas que se preocupam excessivamente por tudo, que se acham muitíssimo dependentes da marcha dos negócios e que se impressionam demais com qualquer pequena contrariedade. Dirigindo a fábrica, desgostava-se e aborrecia-se amiúde.

Sua capacidade mental havia diminuído durante os últimos meses e devido a isso fumava muito mais que antes.

Ao prescrever-lhe o tratamento apropriado, proibimos o uso do fumo, por considerá-lo perigoso neste caso.

Um mês depois, já apresentava uma apreciável melhoria na pressão sangüínea e no nervosismo. Já dormia muito bem. Confessou-nos que não conseguira suprimir de todo o fumo, fumava apenas cinco ou seis cigarros por dia.

Fizemo-lo compreender que a principal causa dos seus distúrbios residia na sua parte mental e emocional, e que sem corrigir essa falha da personalidade não se curaria totalmente, apenas melhoraria.

Como se achasse bastante animado devido ao resultado alcançado, disse-nos que estava disposto a realizar o que fosse preciso para conseguir a cura completa. Recomendamo-lhe que se submetesse a tratamento por um psiquiatra. Assim o fez; e quando, após três meses, tornamos a vê-lo, não só se encontrava bem fisicamente, mas livre das idéias perturbadoras de insegurança e temor que lhe produziam as preocupações excessivas. Contou-nos também que havia suprimido radicalmente o fumo, conseguindo-o de maneira muito curiosa e sem nenhum esforço da vontade.

Um belo dia, achando-se absorvido pelo trabalho, notou, ao entardecer, que não tinha fumado nenhum cigarro durante todo o dia e que naquele momento também não lhe apetecia fumar, deixando para mais tarde; depois, tornou a esquecer de fazê-lo. Na manhã seguinte, deixou propositadamente a piteira em casa e durante o dia não sentiu muita necessidade de fumar, o mesmo acontecendo nos dias subseqüentes.

Ao contrário do que sempre supusera, ao suprimir o fumo aumentou a sua clareza mental, o que lhe causou muita alegria.

Neste e em outros casos, o prazer de fumar desapareceu de modo natural e sem esforços ao curar-se perfeitamente a pessoa, ou seja, espírito e corpo; e assim, funcionando bem todas as suas capacidades e adquirindo clareza mental, não necessitou recorrer aos estimulantes, e deles se esqueceu.

7ª – *Ambições desmedidas, sentimentos de fracasso e de inferioridade, desejos reprimidos*

Quase todos nós nos sentimos algumas vezes tristes, fracassados e inseguros na vida. É bem certo que os dissabores não faltam a ninguém; sem chegar ao exagero do autor que afirmou que "a vida oscila entre a dor e o tédio", é indubitável que todos nós passamos por provas mais ou menos duras e por instantes de profunda depressão. Nesses momentos, a angústia e o medo apoderam-se de nós e é freqüente que por um momento nos assalte um forte desejo: o de chegar a ser algo grande, muito poderoso para conseguir dominar os outros e a vida e nos sentirmos assim seguros, livres e ao mesmo tempo libertados da referida angústia. Nesse desejo vem muitas vezes incluído o afã de nos vingarmos dos que nos causaram prejuízos ou preocupação.

Esse desejo costuma ser instantâneo; algumas pessoas não chegam mesmo a notá-lo dada a sua fugacidade. Com grande freqüência, é desatendido, repelido imediatamente pelo espírito por ser considerado imoral. É assim como aquele desejo de poderio que parece esquecido e deixa de ser lembrado durante um certo tempo. Talvez não volte a nos assaltar nunca, graças à censura que sobre ele exerce a nossa mente.

Talvez dirá você que nunca sentiu esse desejo ou ambição desmedida, ou que pelo menos não se lembra dele. Este último é o mais provável. Pense na sua infância e procure lembrar-se. Não é certo que quando era pequeno percebia que era tratado injustamente, que era castigado sem motivo ou ultrajado, desejava ser mais poderoso do que os outros para se vingar e fazer com eles o mesmo que faziam com você?

Para muitos de nós é difícil recordar as fantasias e desejos que tivemos em diversas ocasiões da vida. Às vezes, quando dormimos, ou ao despertar, a imaginação voa e nos surpreende com sonhos de pretensões e ambições desmedidas: imaginamos que somos imensamente ricos, belos, poderosos e assim nos apresentamos ante aos outros, que nos admiram. Hoje sabemos que muitíssimas pessoas têm essas fantasias.

Todos esses desejos ardentes de sermos superiores são na realidade propósitos mais ou menos conscientes de compensar os chamados "sentimentos de inferioridade", descobertos pelo grande psiquiatra Alfredo Adler e considerados modernamente como um dos mais poderosos elementos da psique humana. A maioria dos indivíduos sente na sua infância, em um ou outro momento, a sensação penosíssima de "valer pouco". Se a criança possui por si mesma um espírito suficientemente são, chegará a dominar com certa facilidade, em si própria, essa impressão de "ser menos". Caso contrário, arrastará durante anos ou para sempre a penosa chaga anímica de acreditar-se inferior aos outros. A necessidade poderosíssima de aliviar essa penosa impressão levá-la-á a utilizar-se de "compensações" que atenuem ou permitam esquecer momentaneamente o seu sentimento de inferioridade. Uma das mais comuns dentre essas compensações são os vícios. E o mais habitual deles é o fumo.

Dissemos que quase todas as crianças sentem alguma vez desejos de poder e de vingança e assim o confirma a experiência dos psiquiatras.

Mais tarde chega o momento em que a criança aprende que tais desejos são maus; que não se deve odiar ninguém; que não se deve ser ambicioso; que todos somos irmãos e outros conceitos semelhantes. Como a sua razão lhe diz que essas idéias são boas e sãs, aceita-as, e por causa disso repele o ódio e a ambição que trazia dentro de si. É fácil, então, chegar a sentir-se culpada e odiar-se a si mesma, por ter sentido aqueles maus desejos.

Que aconteceu? Desapareceram os desejos ambiciosos e de vingança? Aparentemente, sim; na realidade, não. Apenas permanecem ocultos no mais recôndito da mente, em um canto escuro da alma aonde não chega a luz da consciência, e que por esse motivo se chama "inconsciente".

Mas os desejos, pelo simples fato de serem reprimidos, não são destruídos nem desaparecem; continuam existindo e atuando sobre os indivíduos. Vamos dar um exemplo para maior clareza.

Luísa é uma jovem que, em criança, sofreu excessivas humilhações. Como conseqüência, nasceu-lhe uma forte hostilidade para com os outros, acompanhada de desejos de vingança. Tornando-se mais velha, esses sentimentos foram reprimidos pelas idéias de bondade e de ternura que lhe ensinaram durante a sua educação. Ora, os desejos de vingança e de poder continuavam vivos na sua consciência e iam produzindo os seus efeitos. Assim, por exemplo, os seus familiares não sabiam explicar como aquela jovem, geralmente dócil e afetuosa, explodia de vez em quando, em grandes crises de raiva e pronunciava tremendas imprecações. Ou que em outras ocasiões mostrava exigências absurdas, pretendendo ser tratada por todos com admiração e até com veneração.

Qual a origem das suas crises de furor e das suas idéias de orgulho, tratando-se de uma jovem que parecia sensata e educada? Tinham a sua origem no inconsciente. Nos momentos de excitação falhava o controle da consciência e podiam manifestar-se livremente os desejos e ambições sentidos durante a infância. E tudo isso porque aqueles impulsos não tinham sido realmente vencidos ou superados e, sim, apenas reprimidos.

Deduz-se de tudo o que se disse até aqui que a maioria das pessoas vive em freqüente ou constante conflito consigo mesma. Uma parte considerável das suas energias anímicas emprega-se em manter a repressão forçada de tudo que é desagradável (sentimentos de inferioridade, sensação de fracasso, ódios, instintos de vingança, etc.), existente no inconsciente, com a finalidade de conservar o equilíbrio da mente consciente.

Esse conflito interno constante determina um mal-estar íntimo, uma insegurança, uma vaga tristeza e insatisfação mais forte algumas vezes que em outras.

Geralmente, o referido mal-estar não se percebe quando as circunstâncias exteriores transcorrem de maneira satisfatória; quando temos êxito na vida, no trabalho, no casamento, nas amizades. Mas quando surgem os desgostos e as coisas andam mal, quando se sofrem fracassos profissionais, quando, em suma, nos sentimos insatisfeitos com a vida e conosco mesmos, torna-se então mais aparente o conflito interno adormecido na profundidade da nossa alma e patenteiam-se o mal-estar, a insegurança, a angústia, a tristeza, a insatisfação. Sem saber claramente porque, sente-se o tédio da vida, às vezes chega-se ao extremo de desejar a própria morte.

Quando se sente o mal-estar de que acabamos de falar, é muito fácil o ser humano incorrer no erro de lançar mão dos estimulantes. Há quem recorra ao abuso do café; outros às bebidas alcoólicas; alguns entregam-se à luxúria; ainda outros ao jogo; muitíssimos ao fumo.

Tenha-se, porém, em mente um fato: na maioria dos casos o indivíduo não percebe esses mecanismos a que nos referimos. É mesmo possível que ao ler estas linhas e recordar sua vida não recorde as sensações aqui descritas. Não obstante, se amiúde se examinar a si mesmo, com a atenção bem desperta em todo momento, notará claramente a existência de algumas delas. Com muita freqüência não perceberá senão um vago mal-estar, uma tristeza indefinível que não sabe a que atribuir. No fundo, porém, de tudo isso encontram-se a insegurança, a sensação de fracasso ou a ambição desmensurada; tudo isso reprimido pela consciência e, portanto, sem senti-lo claramente.

Que consegue a pessoa recorrendo aos estimulantes ou às distrações que a atordoam? Momentaneamente, é possível que se sinta melhor, uma vez que esquece, passageiramente, a sua insatisfação e tristeza inconscientes. Mas como as causas do mal-estar continuam realmente existindo, este tornará logo a apresentar-se e terá que recorrer a novas xícaras de café, a novos copos de bebida alcoólica ou a novos cigarros.

Este é um dos motivos mais freqüentes pelos quais o indivíduo se habitua ao fumo e a outros tóxicos e chega a não poder prescindir dos mesmos senão com grandes sacrifícios, conforme explicaremos no capítulo referente ao hábito.

Com grande freqüência, a dose de tóxico a que alguém se habituou compreende-se como um prazer que concede a si mesmo. Esse mecanismo psicológico de todo vício apresenta-se também como muito importante, segundo as modernas pesquisas.

Temos que nos referir agora às emoções infantis, tão decisivas para a ulterior formação do caráter do homem e às quais voltaremos mais tarde, quando falarmos do chamado "prazer bucal", em relação com o fumo. Durante a infância, o homem sente-se habitualmente um ser amado; sabemos muito bem que para toda mãe (com raras exceções) nada existe mais importante e querido do que seu filhinho. O mais curioso do caso, segundo idéias conquistadas pelos estudos mais judiciosos sobre o caráter, é que esta impressão, embora de modo vago, penetra profundamente no espírito da criança, principalmente se se tratar de uma excessivamente mimada. Assim, durante a infância, o pequeno ser vive "como envolto em algodões", protegido contra toda contingência desagradável da áspera vida. Ao atingir a adolescência, o ser humano vê-se desagradavelmente obrigado a viver a vida como ser responsável, a arcar com todos os dissabores e dificuldades que o viver exige, a sentir, finalmente, toda a tristeza e dificuldade que significa agir como homem adulto. Se não possuir por natureza um temperamento forte, sentirá vivamente "a ferida da vida" e terá imenso desejo de retornar aos doces, amorosos e, sobretudo, cômodos braços da sua mãe. Ora, qual é a característica mais típica da atuação da mãe a respeito do filho? Sem dúvida de espécie alguma: a generosidade. Com efeito, durante os primeiros anos a criança faz notar de modo intenso, embora pouco claro, que a mãe lhe prodigaliza seu amor, seu cuidado e sua proteção pelo único fato de que ela existe; em outras palavras, a criança recebe os favores maternos sem dar nada em troca, sem se esforçar em nada, sem nada "pagar". Em resumo, o pequeno ser é sempre "graciosamente obsequiado".

Quando, ao tornar-se maior, o programa se transforma, quando a vida não lhe dá nada de graça, quando é preciso conquistar tudo com esforço, luta e cansaço, quando a tristeza da decepção e do fracasso o invade, sentirá automaticamente a falta da cômoda generosidade materna, sentirá a necessidade dos favores recebidos sem esforço na sua meninice e com toda probabilidade favorecerá "graciosamente" a si mesmo com os prazeres que encontre mais à mão. Daqui a cair em algum vício dos mais ou menos habituais há apenas um curto passo. Recordaremos este mecanismo anímico da queda no vício quando nos referirmos aos processos para vencê-lo e abandoná-lo.

8ª – Tensão nervosa que incita ao uso dos estimulantes artificiais

A América do Norte, que é provavelmente o país onde existe mais tensão nervosa, devido ao torvelinho de sua vida agitada, é também um dos lugares onde mais se fuma. Para demonstrá-lo, daremos unicamente algumas cifras extraídas das estatísticas.

Nos Estados Unidos, gastam-se aproximadamente cada ano uns 3 bilhões de dólares em fumo. Para fazermos uma idéia do que representa essa fabulosa quantia, diremos que é aproximadamente a que investe o seu governo na instrução pública; e quase o mesmo que gasta em todo o país em roupa de vestir.

A média de consumo de fumo, por pessoa de mais de 15 anos, é por ano de 51 charutos puros, 1800 cigarros e um quilograma e meio de fumo desfiado.

Com a importância gasta em fumo nos Estados Unidos poder-se-ia alimentar toda a população da Espanha ou de outro país de igual número de habitantes.

Observando essas cifras astronômicas, cabe perguntar: o fumo é tão necessário ou tão útil para ser consumido em tais quantidades?

Logo veremos que não. O que acontece é que vivemos em uma época de grande agitação, de intensa luta para conseguir utilidades e luxos materiais. Essa luta obriga a trabalhar com uma pressa constante, com uma sobreexcitação que prejudica a saúde e esgota os nervos e que, afinal de contas, não leva à felicidade.

O sistema nervoso, acostumado a essa luta e tensão constantes, perdeu na maioria das pessoas o costume de repousar, de relaxar-se. Permanece constantemente em um estado de excitação. Nunca recupera a calma completa. Nem mesmo durante o sono descansa inteiramente. Em muitas pessoas o sono é inquieto, superficial e vem acompanhado de pesadelos. Muitas outras sofrem de insônia.

A que se deve tanta inquietação e tanta pressa? Dir-se-á que é uma exigência da vida moderna. Não é certo. A vida moderna dá-nos o exemplo de agitação; mas a verdadeira causa está em nós mesmos, em nossa personalidade, que por falta de maturidade se contagia daquela agitação e se deixa levar por ela.

As pessoas mais propensas à tensão nervosa são as que desempenham cargos de responsabilidade, como os chefes de empresa. Tanto é assim que a Medicina norte-americana criou o conceito de "doenças dos chefes" ("*manager illness*"). Sobre os chefes de empresa recai um grande excesso de trabalho, geralmente acompanhado de preocupação e ansiedade. Em semelhante situação acham-se também muitos comerciantes, que têm que lutar com uma concorrência encarniçada, os intelectuais que se vêem obrigados a estudar demais para não se tornarem desatualizados; e todos os que lutam desesperadamente para adquirir riquezas e um luxo inútil.

Essa sobreexcitação tende a persistir e assim é que nasce a tensão nervosa contínua, que com o tempo ocasiona diversos distúrbios e doenças: dores de cabeça; más digestões; insônia; palpitações; enjôos; úlcera gástrica; pressão alta; angústia do peito; etc.

Ao notar os primeiros sintomas de tensão nervosa, que faz o indivíduo? Geralmente não lhe ocorre mudar seu sistema de vida, pois crê que não pode abandonar suas tarefas e ocupações.

O que faz, geralmente, é recorrer a algum estimulante, principalmente o café, o fumo e o álcool.

A princípio, parece que nota algum alívio. O cigarro traz-lhe certa calma e tranqüilidade. No momento, acredita sentir-se mais repousado, mais senhor de si. Mas, como continua levando a mesma vida, logo os estimulantes vão produzindo cada vez menos efeito; por isso aumenta a quantidade de café ou o número de cigarros. Isso faz com que se intoxique cada vez mais e que ao mesmo tempo vá esgotando suas energias de reserva, visto que os estimulantes não dão energia ao organismo; mas unicamente obrigam a gastar as que ainda lhe restavam.

Quando se esgotam as reservas de energias, então os estimulantes já não surtem efeito. Apenas irritam o indivíduo, mas deixam-lhe a cabeça vazia, sem poder se concentrar nem trabalhar devidamente. Chegou ao esgotamento. Então procura os medicamentos tônicos, as doses mais fortes de vitaminas, etc. Chegando a esse extremo, talvez tire uns dias de descanso, após os quais volta ao trabalho um tanto melhor; mas como a vida continua correndo nas mesmas condições malsãs de antes, reaparece a tensão nervosa.

Milhões de pessoas em todo o mundo encontram-se em semelhante situação. Pode ser que você, caro leitor, seja uma delas.

Sendo assim, não continue encerrado nesse círculo vicioso que certamente o conduziria ao esgotamento completo, à neurose e ao envelhecimento prematuro. Por esse caminho não se chega à felicidade nem ao triunfo sonhado. Com efeito, é difícil ser feliz quando se perdeu a saúde e a paz interior.

Rejeite o fumo e os demais estimulantes que não lhe dão energias, apenas o esgotam mais. A maneira de se libertar do costume de fumar, por muito arraigado que esteja, ser-lhe-á explicada na terceira parte desta obra.

Aí serão ensinados também modernos e eficazes tratamentos para curar-se da tensão nervosa. Com esses tratamentos você recuperará a tranqüilidade que deveria ser natural, mas que por infelicidade hoje poucos conhecem. Trabalhará com menos gasto de energias e com mais rendimento. Terá a mente mais clara; os nervos mais sólidos. Verá a vida através de um prisma mais otimista. Sentir-se-á mais feliz e isso de um modo mais natural, porque a alegria é própria da pessoa que não sofre nenhuma doença e vive de um modo sadio. Como resultado de tudo isso, a saúde corporal também sairá beneficiada e se livrará de muitas doenças.

9ª – O prazer oral

Um dos primeiros prazeres que experimenta o ser humano nesta vida, conjuntamente ao de sentir-se cômodo e quente, é o da sucção do peito materno que lhe proporciona o desejado alimento. Essa sensação aprazível repete-se durante meses e meses, determinando uma zona de agradável sensibilidade nos lábios. Essa sensação de agrado ao chupar determina uma série de fatos bem conhecidos por todo o mundo: todos nós sabemos como é difícil às vezes desmamar as crianças, apesar de ingerirem alimentos mais adaptados à sua idade já avançada e já não extraírem do peito materno senão um leite de baixíssima qualidade nutritiva, quando a criança ultrapassa um ano de idade. É também comum o vício que adquirem muitas crianças de chupar um dedo. A satisfação que se experimenta ao beijar deve-se em grande parte a esse mesmo "prazer oral" de que estamos falando.

Os psicanalistas têm insistido acertadamente sobre este ponto que comentamos, chamando-o de a fase oral da sensualidade humana. O prazer oral não consiste estritamente na satisfação da sensibilidade que possuímos nos lábios; na realidade, o que ocorre é que a sensação agradável que recebemos na boca durante a lactação era acompanhada de doce impressão de estarmos protegidos, de sermos queridos, mimados e considerados importantes para o ser mais valioso: a mãe. Essa agradável impressão determina a criação de um hábito nervoso que associa à sensibilidade bucal aquele antigo e poderoso sentimento de estarmos protegidos, de sermos valiosos e importantes.

Isso constitui, na realidade, uma das causas mais poderosas, embora menos claras, do motivo por que os homens fumam. Convém que seja levado em conta para os conselhos que esperamos dar com a finalidade de se conseguir abandonar o vício de fumar. Ao segurar o cigarro, o charuto ou o cachimbo entre os lábios, ao introduzi-lo ou tirá-lo da boca, sentimos inconscientemente aquela satisfação que recebíamos na infância cada vez que a nossa mãe colocava o seio entre os nossos lábios ansiosos e podíamos receber o líquido que nos dava vida.

Será conveniente levar isso em conta para os conselhos que tencionamos dar com a finalidade de conseguir abandonar o vício de fumar.

10ª – O fumar e a virilização atual da mulher

Não há dúvida de que na crescente extensão do vício de fumar entre as mulheres influiu muitíssimo o desejo, mais ou menos inconsciente, de se assemelharem ao homem. Vivemos em uma época de progressiva masculinização do sexo feminino e nem só no que tange aos costumes, conforme observou acertadamente o doutor Marañón, que sustenta o fato da mulher encontrar-se, mesmo organicamente, menos feminina. O certo é que nos deparamos com um fato inegável: a mulher está conseguindo igualar-se socialmente ao homem. O pior é que, com essa igualdade, muitíssimas mulheres copiaram do homem também muitos dos seus vícios, como, por exemplo, o gosto pelo fumo.

Poucas mulheres zelosas da sua reputação atreveram-se a fumar há alguns anos. Hoje em dia, comprovou-se que, por exemplo, na América do Norte, existe quase o mesmo número de fumantes entre mulheres e homens. Notou-se também que fumam mais as mulheres jovens do que as maduras, o que indica que o vício vai-se estendendo.

Abordamos aqui um tema de grande atualidade, qual seja o da situação atual da mulher na sociedade e especialmente a sua posição relativamente ao homem. Trata-se de um assunto cheio de problemas e de discussões, que neste parágrafo apenas podemos esboçar. Por outro lado, é também psicológico do ser humano em conjunto e não só unicamente da mulher.

Assim como falamos anteriormente da ânsia de masculinidade em relação ao fumar, podemos dizer neste momento que esse vício é na mulher, em grande número de casos, indício de certa falta de feminilidade, não pelo fumo em si, mas pelo fato de praticar algo que até hoje era considerado como exclusivo da masculinidade, embora realmente não o seja.

Não queremos com isso dizer que toda mulher fumante seja necessariamente pouco feminina, nem que uma mulher realmente feminina não possa acender um cigarro em dado momento. O que sustentamos é que, na difusão crescente do vício de fumar entre as mulheres atuais, representou um importantíssimo papel o chamado movimento feminista, ou de emancipação da mulher e que foi iniciado pelas sufragistas.

Limitemo-nos primeiro a relatar os fatos; depois, faremos comentários.

No começo deste século, teve início em alguns países, principalmente nos considerados mais civilizados, um movimento de rebeldia da mulher, reclamando para o seu sexo a independência e pretendendo que seus direitos fossem os mesmos que os dos varões.

A tudo isso chamou-se movimento feminista.

Certamente deve reconhecer-se que muitas das idéias que o moveram eram no fundo lógicas e humanas, dado que, até então, a mulher em geral achava-se postergada ante a lei e carecia de muitos privilégios de que gozava o homem. Com efeito, muitas leis subsistiam desde tempos remotos em que a mulher era tratada como um ser intermediário entre a criança e o homem e que, portanto, precisava de certa tutela. Para dar validade a muitos dos seus atos, a esposa necessitava da licença do marido. Ao castigar a infidelidade, a lei era mais severa para a mulher do que para o homem, etc.

Após uma luta de meio século, o belo sexo conseguiu muitas reformas legislativas. Temos porém que ressaltar, por ser o mais interessante do ponto de vista psicológico, que no movimento feminista se misturou um afã vingador; isto é, vingar-se do homem por ofensas mais ou menos reais ou imaginárias. Na realidade, tal sentimento era um erro, pois a mulher não sofreu tanto pelos direitos legais do homem como pelas faltas e imperfeições humanas, do mesmo modo como muitos homens sofreram e ainda sofrem pela imperfeição e imaturidade da mulher.

Chegou um momento em que o movimento feminista foi perdendo sensatez e imparcialidade, para se transformar em uma espécie de "luta de sexos". E, como já se pode supor, as mulheres que com mais força clamavam pela igualdade dos sexos, eram as de caráter mais varonil, as menos femininas. Por quê? Por duas razões: primeiro, porque possuíam o ímpeto necessário para isso, e segundo porque quase sempre eram as que mais desejos tinham de vingar-se, visto que, por sua pouca feminilidade, tinham colhido muitos fracassos no seu trato com o sexo masculino.

Ao contrário, as mulheres perfeitamente femininas e felizes no matrimônio careciam do interesse ou do impulso, necessário para clamar com tanta força por seus direitos, aos quais, por outro lado, ligavam tanta importância pelo fato de sentirem-se amadas pelos esposos e pelos filhos.

Uma das pretensões fundamentais das feministas era a igualdade do homem e da mulher, ao arrepio da opinião, tão corrente como universal, de que o homem, ao longo da História, demonstrou superioridade sobre a mulher, principalmente na sua capacidade de luta pela vida e na sua inteligência. As sufragistas negavam-no e tiravam exemplos de damas que se tornaram célebres, destacando-se nas Artes e nas Ciências. Esqueciam-se, porém, de procurar a verdadeira superioridade da mulher, que a possui nas tarefas que lhe são próprias, tais como a augusta missão da maternidade e da terna função de esposa. Coisa tão absurda como se o homem tivesse a pretensão de superar à mulher nas tarefas domésticas.

O que mais interessa, do ponto de vista que aqui tratamos, é destacar que o movimento feminista foi um fator que contribuiu sobremaneira para a difusão do vício de fumar entre as mulheres.

Com efeito, maneira fácil de competir com o homem? Imitá-lo nos seus costumes. O pior é que muitas vezes se têm imitado os maus costumes, ou pelo menos os que mais não condizem com a delicadeza e o recato próprios da mulher. Assim é que muitas adquiriram o costume de freqüentar cafés, frontões*, praças de touros e campos de futebol (onde é comum vê-las gritarem e gesticularem violentamente). Assim também, por esse mesmo espírito de imitação, acostumaram-se a tomar bebidas alcoólicas e a fumar.

Como não podemos nos estender demasiadamente sobre esses assuntos, queremos antes de terminar prestar alguns esclarecimentos.

A moderna luta entre o homem e a mulher, chamada "luta de sexos", não é, no fundo, um problema entre homem e mulher, ou entre marido e esposa; mas antes um problema do egoísmo humano, da ignorância, dos complexos, da falta de maturidade do caráter.

Para amar de verdade é necessário estar livre de complexos, libertar-se do egoísmo cego e infantil. Isto têm conseguido individualmente algumas pessoas em

---

* Casa de jogo da pelota, modalidade esportiva pouco conhecida no Brasil.

todas as épocas. Para elas, não houve necessidade de declaração legal de direitos, pois sempre os respeitaram. Não há duvida de que se o varão tivesse estado sempre livre de egoísmo, teria dado mais liberdade à mulher, sem que esta tivesse que lutar para obtê-la; mas para chegar a esse fim seria necessário que ela também estivesse sempre livre de egoísmo e de complexos.

Pelo exposto, cremos que todos os leitores, de um e de outro sexo, notarão que se revelamos os fatos acontecidos, julgando e comentando os acertos ou erros, foi porque consideramos que era útil e necessário dá-los a conhecer, pois na nossa opinião são fatores que contribuíram para que se arraigasse na mulher o vício de fumar.

O costume ou hábito

Seus cinco principais motivos

Uma vez que se começou a tomar gosto pelo fumo por algum dos motivos assinalados ou por outros, entra em ação um novo fator: o hábito ou costume. Isso quer dizer que o indivíduo que fuma adquire uma tendência a repetir esse ato, e se por qualquer motivo se lhe suprime o fumo, sofre incômodos, mal-estar, inquietação, angústia e diversos distúrbios corporais que o incitam a recorrer novamente a ele. O citado conjunto de incômodos denomina-se, sob o ponto de vista médico, "quadro de abstinência" e será descrito na terceira parte desta obra.

Não creio que haja algum fumante que ponha

em dúvida o fato anteriormente exposto, pois todos, uns mais outros menos, experimentaram-no alguma vez. Daí o fato de a Ciência afirmar que o fumo é uma droga que gera hábito.

Para podermos formar uma idéia de como é forte o poder escravizador do fumo, citaremos alguns fatos autênticos.

Um fumante estava acostumado a acender um cigarro todas as noites antes de se deitar. Um dia, porém, ao lançar mão da sua cigarreira quando ia dormir, notou que a sua imprevisão o deixara sem fumo, e não podendo dele prescindir, saiu à rua em uma noite álgida de inverno para adquiri-lo.

Nos campos de concentração, durante a passada Guerra Mundial, houve fumantes que trocaram a pouca comida que lhes davam por fumo, preferindo passar fome a ficar sem fumar.

É óbvio que o poder escravizador não exerce a mesma força sobre todas as pessoas. O homem superior, de personalidade própria e consciente de seus atos, não se comporta de maneira tão automática. Não obstante, aconselhamos aos que não fumam que não o experimentem.

Nunca fumamos, nem sentimos a necessidade de fazê-lo; assim, temos evitado adquirir o costume de ter que lutar contra o mesmo.

Aos quinze anos, tomamos conhecimento das normas de vida sadia e resolvemos não começar a fumar, merecendo a crítica de algumas pessoas. Quantas vezes não terão nos invejado aqueles que nos criticavam!

Essa tendência em repetir o ato não é exclusiva

do fumo; há também outras drogas que possuem essa ação. O caso mais conhecido é o da morfina e cocaína, que sem dúvida alguma são tóxicos muito mais prejudiciais do que o fumo, e que produzem um hábito tão forte que, uma vez adquirido, dele não se pode prescindir repentinamente, sem acusar graves distúrbios físicos e mentais. A periculosidade de tais tóxicos obrigou os Governos de todos os países a adotar severas medidas para evitar que seus governados a eles se afeiçoassem. Essa inclinação denomina-se toxicomania e dela falaremos com mais detalhes em outro capítulo.

* * *

Qual o mecanismo pelo qual se instala o costume? O hábito do fumo tem lugar pela influência de diferentes fatores que, agindo conjuntamente, determinam o estabelecimento da necessidade de continuar fumando, para que a pessoa habituada possa sentir-se bem. Tentaremos esboçar esquematicamente esses diversos fatores, que se dividem em duas classes: fatores físicos e fatores mentais ou emocionais.

O fator nervoso-hormonal — O conjunto do sistema nervoso e o dos diversos hormônios do nosso organismo (elixires de vida a que já nos referimos em várias de nossas obras), segregados pelas glândulas, chamadas de secreção interna, tais como a tireóide, o pâncreas, o testículo e o ovário, etc., determinam a sensação que temos de nos achar bem ou mal, de nos sentirmos bem ou mal, indispostos. Quando se começa a fumar, nosso sistema nervoso ou hormonal sentem profundamente a presença do veneno do fumo no organismo e a pessoa encontra-se mal, surgindo os enjôos, os vômitos, etc., que produzem os primeiros cigarros.

Insistindo-se na tolice de continuar fumando, o organismo não tem outro remédio senão adaptar-se à situação e, mais ou menos lentamente, mediante o citado sistema nervoso-hormonal, torna-se a sentir normal apesar de continuar fazendo uso do tóxico. Isto é, que a ele se habituou. Se, passados meses e anos, resolver deixar de fumar, encontrar-se-á tão mal, embora de outra forma, como quando se iniciou no vício do fumo.

O hábito nervoso — Como em todos os costumes humanos um pouco complicados, no fumar há muito de gesto e, essa gesticulação, por sucessivas repetições, torna-se hábito pelo mecanismo dos reflexos condicionados. O homem, como todo ser vivo, tende à inércia, embora sua inteligência e sua vontade procurem constantemente lutar contra ela; esta inércia a que nos referimos é, para dizê-lo de outra maneira mais simples, a rotina. A essa rotina, a essa tendência à repetição do que se fez muitas vezes, deve-se em grande parte a persistência do hábito de fumar. A essa mesma rotina deve-se o fato, bem conhecido por todos os fumantes, e que surpreende por sua incongruência a eles mesmos e sobretudo aos não viciados, que consiste em fumar sem terem ao menos desejo disso! É difícil imaginar maior absurdo. Seria perfeitamente compreensível que um aficionado ao fumo fumasse o cigarro número dois várias horas depois de ter consumido o cigarro número um, quando seus desejos de fumar chegassem ao máximo e pudesse extrair assim desse segundo cigarro todo o prazer possível, isso seria agir como um autêntico sibarita e, embora o fumar continuasse sendo desaconselhável, semelhante conduta seria lógica e compreensível. As coisas acontecem desse modo? De maneira alguma. Em geral, vemos os fumantes inveterados consumirem cigarros após cigarros, de um modo totalmente automático, quase sem notar que os tiram da cigarreira, os acendem, os fumam..., talvez totalmente absorvidos por outra ocupação, por exemplo uma partida de xadrez ou a redação de uma carta difícil, etc. Compreendemos muito a maneira de atuar do fumante japonês. O nipônico recolhe-se para fumar e a isso se dedica sem fazer outra coisa enquanto dura o cigarro; uma vez consumido este, volta às suas ocupações. Por que o ocidental age da maneira absurda como falamos? Pura e simplesmente, por hábito.

No estabelecimento deste hábito que estamos comentando, têm muita importância as mãos do fumante. Não só os pulmões, o sistema nervoso e hormonal precisam do fumo quando se está habituado, mas também os dedos sentem falta da pressão do cigarro ou de sustentar o cachimbo quando têm o costume de fazê-lo. Intervém aqui outro detalhe e este mais de tipo emocional. O cigarro serve às mil maravilhas, sem que se note, quando o indivíduo se acha em situação embaraçosa no torvelinho da vida social, observando que esta situação embaraçosa é a habitual em muitas pessoas deprimidas, tímidas, sofrendo de complexos de inferioridade, etc., e nas que já citamos ao falar das causas do vício de fumar. Com efeito, o fumante, quando se sente inseguro, receoso, atormentado pela dúvida ou pelo conhecimento do seu pouco valor, quando atravessa um momento de dificuldade, enfim, recorre ao dito cigarro que lhe dá momentaneamente uma sensação de apoio; a impressão de poder efetuar nesse momento algo familiar que lhe produz, embora fracamente, uma sensação de alívio. Voltaremos a nos ocupar disto mesmo no parágrafo que segue.

O "**círculo amistoso**" — Se vivêssemos inteiramente sós seria consideravelmente mais fácil deixar de fumar ou fazê-lo com muito menor freqüência. Mergulhados no seio da vida de relação, as oportunidades de fumar um outro cigarro a mais espreitam-nos constantemente. O intercâmbio constante dos convites para fumar transformou-se em um dos ritos da vida social. Quem não convida aos amigos e conhecidos ou é convidado por eles? Deste modo as ocasiões para fumar ampliam-se ao infinito.

E tudo isso, caro leitor, a que se deve? Interroguemos psicologicamente os bons fumantes, tentemos ver claramente em suas almas e notaremos a verdade do que segue. O fato de convidar fá-los surgir (perante eles mesmos) como seres cheios de uma formosa e exemplar generosidade, embora se trate de algo tão ínfimo como um cigarro. De passagem, se os cigarros são de boa qualidade, dão assim prova de gastar dinheiro. Por outro lado, ao convidar, dão ao outro uma prova de amabilidade e excelente educação, oportunidade que por nada deste mundo se deixa de aproveitar. Assim, é comum encontrarem-se pessoas que convidam repetidamente a outras tão bem situadas economicamente como elas ou mais, e que em compensação mostram uma curiosa aversão em dar um vintém a um pobre.

Por parte do que é convidado, sua satisfação firma-se no fato de receber um obséquio daquele que convida, obséquio a que naturalmente se crê em seu foro íntimo com plenos direitos.

Por esse mecanismo de dar e receber alternadamente, o fumo transformou-se em um meio de liame social a que os homens recorrem habitualmente. Por esse meio adquire outro de escapar à freqüente sensação de solidão.

Não é ocioso dizer que se o oferecimento é dirigido a uma senhora, principalmente se é jovem e bela, a sua satisfação íntima é muito maior e mais ainda se, como homem elegante e distinto, antecipar-lhe logo a chama de um rico isqueiro.

Finalmente, que em torno do fumo criou-se uma série de ritos sociais a que recorre o ser humano com tanta freqüência com o fito de enganar a si mesmo e de deslumbrar, na medida do possível, aos outros.

Já mencionamos a função do fumo como libertador de tensões nervosas, tão freqüentemente criadas em situações embaraçosas para certas pessoas de escassa energia interior.

Todos estes fatos contribuem poderosamente para criar e sobretudo para manter o pernicioso vício de fumar.

O fumar, idéia obsessiva — Para muitos fumantes inveterados, o fumar chegou a se transformar em uma verdadeira obsessão, com toda a tenacidade e persistência deste tipo de idéias. Nessas pessoas, o abandono do vício de fumar importa por um lado na desintoxicação orgânica e, sobretudo, na desarticulação até às próprias raízes deste mecanismo obsessor a que estamos nos referindo.

Trata-se quase sempre de pessoas de horizonte espiritual limitado e que, além disso, se viram particularmente maltratadas pela vida. É também o caso da maioria dos neuróticos e pessoas insatisfeitas. Por um mecanismo de autodefesa mental elas "se agarram", por assim dizer, a qualquer processo facilmente exeqüível capaz de proporcionar-lhes alguma satisfação. Já se compreende que uma das mais comuns é o fumo.

O fumar, companhia na solidão. — A maioria dos indivíduos resiste dificilmente à própria solidão. Já se disse, e com certa razão, que o homem suporta mal aos demais; porém, que mais dificilmente suporta a si mesmo. É fácil prová-lo. Os bares, os cinemas, estão repletos de multidões que procuram distrair-se de qualquer forma, contanto que não se achem sós e entediadas. Vemos que vão com freqüência ao bar e ao cinema (embora o filme seja mau) pelo simples mas poderoso motivo de serem incapazes de passar uma noite em casa a sós "com seus próprios pensamentos", como dizia o poeta, nem mesmo acompanhados da família ou de um bom livro.

Quando por qualquer circunstância fortuita ou habitual a solidão não pode ser evitada, recorre-se imediatamente a qualquer distração, por ineficiente que se torne. Compreende-se perfeitamente, assim, que a cigarreira, a tabaqueira ou o cachimbo não tardem em fazer a sua aparição.

* * *

Todos esses fatores se combinam entre si para determinar o progressivo afundamento do fumante na sua intoxicação crônica e tornar-lhe cada vez mais difícil poder abandonar seu vício. Acha-se preso entre o medo aos perigos do fumo e a sensação de impotência de não poder se libertar dele.

Expusemos, com algum detalhe, todos esses mecanismos, porque é importante conhecê-los para deles se livrar.

VOCÊ PODE
PARAR DE FUMAR
EM 14 DIAS
Walter S. Ross
Editora Record
Formato: 14x21
192 páginas
Rio de Janeiro
1974

FUMO E CÂNCER

Walter S. Ross

"... é uma praga, um mal, um violento extirpador de bens, terras, saúde; este infernal, execrável e maldito tabaco, a ruína e o aniquilamento do corpo e da alma."

Robert Burton
Anatomia da Melancolia

Câncer pulmonar

Quando um fumante se preocupa com sua saúde, o foco de sua preocupação costuma ser o câncer dos pulmões, e com boa dose de razão. Entre os que fumam um maço de cigarros por dia nos Estados Unidos, o índice de câncer pulmonar é de quinze a vinte e três vezes maior do que entre os não-fumantes;

na Inglaterra, esse índice vai a mais do que trinta vezes.*

E o câncer pulmonar é cerca de 94 % fatal.

O índice de câncer pulmonar e de mortes desta doença elevou-se tão rapidamente nos últimos trinta anos, que os médicos do mundo inteiro o consideram como algo epidêmico. Quase todo esse aumento tem ocorrido entre fumantes de cigarros.

Correntemente, nos Estados Unidos, cerca de setenta e duas mil pessoas morrem de câncer pulmonar a cada ano. Trata-se da única forma mais fatal de câncer e ela causa nos EUA mais mortes do que todos os acidentes de carro. No entanto, há algumas décadas, as mortes de câncer pulmonar eram de incidência rara.

O mesmo é verdadeiro em relação a Inglaterra. Ali, essa doença e as mortes que ocasiona são mais de duas vezes tão freqüentes como nos Estados Unidos.

Em 1971, o dirigente do Serviço de Saúde Pública dos EUA declarava que "fumar cigarros é a principal causa de câncer pulmonar nos homens". A opinião médica e científica oficial em nove outros países — Dinamarca, França, Austrália, Finlândia, Suécia, Holanda, Canadá, Inglaterra e Nova Zelândia — é concordante.

Mas há um corolário reconfortador para aqueles que são capazes de parar de fumar. "(Seu) risco de um câncer pulmonar decresce com o passar do tempo para quase o mesmo nível dos não-fumantes; o tempo

---

* O Real Colégio Britânico de Médicos declara: "O índice mais elevado de mortes na Inglaterra pode ser devido ao hábito dos ingleses de fumar cigarros até o toco... e a uma maior exposição dos homens neste país ao ar poluído pela fumaça doméstica e industrial".

requerido depende do grau de exposição", diz uma publicação da Sociedade Americana de Câncer.

Veja-se, por exemplo, aquele estudo feito com médicos ingleses de trinta e cinco a sessenta e quatro anos, entre 1951 e 1965. Durante tal período, enquanto o índice de mortes por câncer pulmonar, referente a todos os homens na faixa dos 35 aos 64 anos na Inglaterra e no País de Gales, elevava-se em 7 por cento, entre os médicos ingleses o câncer pulmonar tinha seu índice fatal reduzido em 38 por cento.

O câncer pulmonar nas mulheres

Há ainda uma considerável diferença entre os índices de mortes por câncer pulmonar entre os homens e as mulheres. Eis os motivos: leva anos de uso do fumo para que se produza o câncer pulmonar num ser humano e o hábito de fumar muito entre as mulheres está concentrado ainda nos grupos mais jovens, nos quais o câncer dos pulmões é menos dominante. E, também, as mulheres geralmente fumam menos de cada cigarro do que aos homens, evitando assim a concentração mais densa de nicotina e alcatrão da última metade dos cigarros. As mulheres também tragam com menos freqüência e não tão profundamente como os homens e fumam cigarros com filtro longo, com menos alcatrão e nicotina.

Contudo, o índice de mortes de câncer pulmonar tem crescido quatro vezes mais (400 por cento) entre as americanas desde 1930 e está se elevando mais rapidamente entre as mulheres do que entre os homens.

Um médico inglês calculou, há cerca de dez anos,

que a duração de consumo de cigarros entre os homens de quarenta e sete anos era quatro vezes tão grande quanto entre as mulheres da mesma idade e que o índice de casos fatais de câncer pulmonar nos homens nessa idade era cinco vezes tão elevado como entre as mulheres. Em outras palavras, pode haver uma ligeira diferença hormonal na suscetibilidade de homens e mulheres ao câncer pulmonar, mas não substancial.

Ocupações perigosas

Alguns casos de câncer pulmonar são causados por outras coisas que não cigarros. O risco é quatro vezes tão grande entre mineiros que lidam com urânio como entre a população geral, por exemplo, mas ele é dez vezes maior entre mineiros das minas de urânio que fumam do que entre aqueles que não têm esse hábito. Numa pesquisa de dezessete anos, feita com 3.414 mineiros que lidam com urânio, registraram-se sessenta e duas mortes de câncer pulmonar — mas somente dois dos mortos eram não-fumantes.

Ocorreram vinte e quatro mortes de câncer pulmonar num grupo de 370 trabalhadores que lidavam com amianto, no decurso de vinte anos, cerca de sete vezes além da média. Todas essas mortes foram de fumantes de cigarros. A grande desproporção indica um provável efeito de multiplicação entre inalar amianto e o fumo de cigarros. Nenhum dos oitenta e sete fumantes de cachimbo e charutos desse grupo morreu de câncer pulmonar.

Existe também um risco crescente de câncer pulmonar entre pessoas que trabalham com arsênico, cromo, níquel, carvão, gás natural e grafite. Mas o risco é sempre muito maior para os que fumam cigarros.

Poluição do ar

A poluição do ar por si mesma provoca câncer pulmonar? Pesquisas dizem que provavelmente não, ou pouco, muito pouco — até um certo ponto. Na Islândia, um país com um ar puro incomum, um cientista observou em 1950 o início de incidências de câncer pulmonar assim que as pessoas ali começaram a fumar mais cigarros. Ele predisse que um grande aumento de mortes de câncer pulmonar ocorreria entre dez e vinte anos se o consumo de cigarros continuasse a aumentar. Aumentou e registrou-se um acréscimo de 30% de casos de câncer pulmonar entre os homens e de 52 por cento entre as mulheres.

Moradores em cidades contraem mais câncer pulmonar do que os das cidades agrícolas — mas residentes no campo que fumam muito padecem de câncer pulmonar numa média de quinze vezes tanto quanto os seus vizinhos não-fumantes.

Cigarros com filtro

Mudar para cigarros com filtro é de certo modo uma salvaguarda, de acordo com duas pesquisas recentes. No Roswell Park Memorial Institute, em Buffalo, um estudo com base em 974 casos de câncer pulmonar alcançou a conclusão de que os fumantes que mudam para cigarros com filtros têm um risco menor de contrair câncer pulmonar. Mas fumantes inveterados, mesmo de cigarros filtrados, ainda apresentam um risco de morte de câncer pulmonar cinco vezes maior do que o de não-fumantes.

Em outro estudo, empreendido com 552 pacientes com câncer pulmonar, confrontado com um igual número de controles, o Dr. Ernest Wynder e colaboradores verificaram que aqueles que tinham mudado para cigarros com filtro dez anos antes apresentavam um risco menor de câncer pulmonar do que aqueles que continuaram a fumar um número igual de cigarros sem filtro.

Têm havido críticas de que a evidência de câncer pulmonar é "unicamente estatística". Isto não é verdade. As provas são também experimentais, patológicas e clínicas. A análise estatística é a base da maioria do controle da doença, naturalmente, mas a evidência analisada quanto aos cigarros e o câncer pulmonar é muito ampla, envolvendo, como envolve literalmente, milhões de pessoas e animais de laboratório.

Há também os que declaram que uma variedade de doenças é exageradamente atribuída aos cigarros. Mas o fumo de cigarros não é uma substância química única. Ela é uma mistura de vários milhares de substâncias químicas, muitas das quais são reconhecidamente nocivas e trinta causadoras específicas de câncer. É realmente irrazoável supor que este imenso número de substâncias químicas deveria produzir somente um tipo de doença. O fumo do cigarro se assemelha mais ao grande *fog* londrino de 1952, que aumentou grandemente o índice de mortes por muitas doenças, especialmente as respiratórias e as das coronárias.

Outros têm aventado a teoria de que existe uma tendência hereditária, tanto para o fumo como para contrair câncer pulmonar. Mas, naturalmente, isso é facilmente refutado pelo fato de que muitos médicos ingleses pararam de fumar e seu índice de morte por câncer pulmonar baixou.

Não há contestação quanto ao fato de que, como diz o Chefe do Serviço de Saúde Pública dos EUA, "o fumo de cigarros é a principal causa de câncer pulmonar nos homens [e] uma causa de câncer pulmonar nas mulheres".

Outras formas de câncer causadas pelo fumo

Muitos fumantes pensam que o câncer pulmonar é o único tipo de câncer provocado pelo fumo. Mas numerosas pesquisas mostram que o fato de fumar — não somente cigarros — causa ou está fortemente associado ao câncer da laringe, dos lábios, do esôfago e também das vias urinárias.

O câncer da laringe

O câncer da laringe afeta aos homens mais amiúde na faixa dos cinqüenta e cinco aos setenta anos. O risco dos fumantes de virem a morrer dessa doença é mais de dezoito vezes maior do que o de não-fumantes. Fumantes de cachimbo apresentam um risco menor, de algum modo, ou sete a dez vezes mais em relação aos não-fumantes.

Estudos pós-autópsia têm revelado uma clara relação quantitativa entre o número de cigarros fumados e as alterações celulares das laringes de homens que não morreram de câncer laríngio. Cada fumante de um maço ou mais por dia apresentou nessas pesquisas células que foram consideradas pré-cancerosas. O número de tais células achava-se em proporção direta ao número de cigarros fumados. Setenta e cinco por cento dos não-fumantes não apresentavam em absoluto células pré-cancerosas, e naqueles que as apresentavam, estas eram muito poucas. Nos homens que tinham parado de fumar, 40 por cento tinham células anormais que estavam em processo de desaparecimento, sendo substituídas por células normais.

OBS.: O câncer da laringe é curado com freqüência, usualmente por uma cirurgia em que se remove a laringe, o principal órgão da fala. Aos pacientes curados pode ser ensinado um novo método de articulação da fala, mas eles devem viver com uma abertura permanente em suas gargantas.

Conclusão do Chefe do Serviço de Saúde Pública (SSP) dos EUA: "O fumo do cigarro é um fator significativo no surgimento do câncer da laringe... A magnitude do risco para fumantes de cachimbo e charuto é quase da mesma ordem do que para fumantes de cigarros, ou possivelmente ligeiramente menor".

O câncer da boca

Os extensos estudos prospectivos apontam um número quatro vezes tão grande de câncer na boca (câncer dos lábios, da língua, do palato, etc.) em fumantes do que seria de se esperar entre a população como um todo. Um estudo recente mostra um aumento até maior de incidência de câncer da boca entre as mulheres que fumam.

As formas de câncer da boca têm um elevado índice de cura porque são prontamente vistos e amiúde tratados num estágio inicial. De uma série de 117 pacientes citados de câncer da boca, 43 deixaram de fumar, mas 74 continuaram a fazê-lo. Todos permaneceram livres de sintomas durante três anos. Então, 24 dos 74 fumantes desenvolveram novamente câncer da boca, mas somente 4 dos 43 que tinham deixado de fumar apresentaram essa forma de câncer pela segunda vez. Assim, o índice repetitivo de câncer da boca foi quatro vezes tão grande entre fumantes como entre aqueles que pararam de fumar.

Fumar cachimbo tem sido reconhecido como uma causa de câncer labial. Fumar cachimbo e charutos contribui para o surgimento de câncer em outras partes da boca.

Conclusão do Chefe do SSP dos EUA: "O fumo é um fator significativo do desenvolvimento de câncer da cavidade oral e... o fumo de cachimbo, por si só ou em conjunção com outras formas de uso do tabaco, está de modo causal relacionado com o câncer dos lábios".

Câncer do esôfago

Fumantes de cigarros têm um risco de morrer de câncer esofágico cerca de duas a seis vezes mais que os não-fumantes, dependendo do número de cigarros fumados — e da quantidade de bebidas alcoólicas ingeridas. O álcool incrementa o risco, porque substâncias químicas conhecidas como causadoras de câncer e contidas no fumo de cigarros dissolvem-se no álcool, e, dessa forma, mais prontamente penetram nos tecidos. Assim, quando absorvidas junto com o álcool, elas se acham aptas a impregnar as paredes do esôfago. Isto tem sido demonstrado experimentalmente em cobaias.

Uma pesquisa feita no esôfago de 1.268 homens mortos de causas outras que o câncer esofágico demonstrou que células pré-cancerosas eram encontradas muito mais amiúde nos tecidos de fumantes do que de não-fumantes.

Conclusão do Chefe do SSP dos EUA: "O fumo do cigarro está associado ao desenvolvimento do câncer do esôfago. O risco... entre fumantes de cachimbo e/ou charutos é maior do que para os nãofumantes e [quase o mesmo] como para os fumantes de cigarros, ou talvez ligeiramente menor. [Há também] uma associação [com] o consumo de álcool e este pode exercer uma atuação mútua com o fumo de cigarros. Esta combinação de exposições está associada a índices especialmente elevados de câncer esofágico".

Câncer da vesícula urinária e dos rins

Numerosas experiências feitas em animais e seres humanos revelam que a urina de fumantes contém uma substância química reconhecidamente causadora do câncer da vesícula, que é detectada também no fumo do cigarro. Outras substâncias químicas na urina de fumantes indicam que o metabolismo triptofânio, um aminoácido normalmente encontrado no corpo, é alterado, criando algumas substâncias químicas que podem provocar o câncer.

Vários estudos mostraram que há uma incidência mais alta de câncer da vesícula urinária entre os fumantes e um índice mais elevado de mortes dessa doença entre os que fumam do que entre os não-fumantes. O risco relativo, quando comparado com o de não-fumantes, de um fumante contrair câncer da bexiga se eleva a mais do que sete vezes o nível normal entre todos os fumantes e dez vezes acima do normal entre os que fumam muito. Nos setes estudos prospectivos já mencionados, fumantes de um maço ou mais diários têm um índice de morte de câncer da bexiga de cerca de três e meia a cinco e meia vezes maior do que o do total da população.

Fumantes também apresentam um risco mais elevado de câncer dos rins, que vai de cerca de uma e meia vezes a duas e meia além do normal.

Resumo e Conclusões do Chefe do SSP dos EUA: "Estudos epidemológicos têm demonstrado uma associação do fumo de cigarros com o câncer da vesícula urinária entre os homens.

"Estudos clínicos e patológicos sugerem que o fumo pode relacionar-se com as alterações no metabolismo do triptofano e pode, desse modo, contribuir para o desenvolvimento de câncer de natureza urinária".

Enfisema, bronquite crônica e outras doenças do pulmão não-cancerígenas

> *"Você quer cavar sua própria morte?"*
> O. Henry (W. S. Porter)

"Quando se pergunta a pacientes com bronquite se eles têm tosse, não é pouco freqüente que respondam: 'Sim, como qualquer outra pessoa', Eles não percebem que pessoas com pulmões saudáveis não sofrem de tosse e nem têm expectoração", como relata o Real Colégio de Médicos.*

A bronquite crônica aparece, com o enfisema pulmonar, com freqüência ou na maioria do tempo em fumantes de cigarros. Juntas, elas são conhecidas como a Doença Broncopulmonar Obstrutiva Crônica (DBOC) e têm-se manifestado de forma crescentemente aguda.

Um estudo recente foi feito com base nos pulmões de 1.443 homens e 388 mulheres americanos. A técnica usada foi primeiramente o exame dos tecidos e, então, o confronto dos resultados com o histórico conhecido de fumantes dessas pessoas. Entre os que fumavam menos de um maço por dia, somente 13,1 % não tinham enfisema e 11,7 % apresentavam essa doença em grau avançado. Entre os do grupo que fumavam um maço ou mais diariamente, um índice diminuto de 0,3 % estavam livres do enfisema e 19,2 % tinham

---

* *Smoking and Health Now: A New Report and Summary on Health from the Royal College of Physicians*, Londres, Pitman Medical & Scientific Publishing Co., 1971, página 69. (N. do A.)

essa doença já adiantada. As percentagens praticamente se inverteram quanto aos não-fumantes. Noventa por cento não apresentavam enfisema e não havia quaisquer casos da doença em grau avançado.

A bronquite crônica é "a secreção crônica, recorrente e excessiva da árvore bronquial". Seus dois sintomas são: 1) uma tosse crônica, que produz 2) catarro. Esse último pode ser claro, mas amiúde contém pus, porque as pessoas portadoras de bronquite crônica são altamente suscetíveis à infecção pulmonar. A bronquite é talvez o resultado mais comum do uso do fumo. Adolescentes que fumam somente cinco cigarros por dia tossem e escarram quase tanto como um adulto fumante contumaz de cigarros. Um recente estudo feito entre estudantes secundaristas de New Haven, Connecticut, revelou mudanças funcionais nos pulmões daqueles que fumavam há apenas poucos anos. Tosse, escarro e respiração curta são muito mais comuns entre fumantes adolescentes do que entre não-fumantes.

O enfisema pulmonar destrói as paredes entre os diminutos sacos de ar do pulmão, onde o oxigênio é absorvido no sangue. Assim, as paredes cedem, as sacolas de ar tornam-se maiores — e em menor número. A superfície pulmonar total, da qual o oxigênio pode ser absorvido, se encurta e mais e mais inspirações de ar são necessárias para manter o sangue oxigenado. Um adulto normal usa cerca de 5% de sua energia em respirar. Uma pessoa com enfisema avançado usa além de 80% de suas forças procurando respirar oxigênio.

Essas doenças não são somente incapacitadoras;

elas ocasionam a morte freqüentemente. As mortes nos Estados Unidos da DBOC elevaram-se de apenas 2.666 em 1945 para 30.390 em 1968 (quase doze vezes mais). Na Inglaterra, que tem somente um quarto da população dos EUA, o índice de mortalidade resultante da DBOC é quatro vezes tão alto (o total ultrapassa trinta mil). Naquele país, 35 milhões de homens-dia inutilizados para o trabalho por causa da DBOC — dez a doze vezes o número de dias de paralisação em virtude de litígios trabalhistas. A maioria das vítimas da DBOC é de fumantes. Uma pesquisa recente feita na Irlanda do Norte resultou numa estimativa de que, se a população inteira do país tivesse o mesmo índice de mortalidade de bronquite crônica como aquele dos não-fumantes, pouco mais de metade das mortes registradas (45%) da DBOC teriam ocorrido.

Poluição do ar

Certamente, algumas dessas mortes são causadas pela poluição do ar, mas a causa principal são os cigarros. As duas causas juntas são provavelmente mais letais do que cada uma em separado.

O enfisema é realmente mais raro entre a população de não-fumantes que vive em áreas da Califórnia com o índice mais alto de poluição do ar. O mesmo é verdadeiro na Grã-Bretanha, onde o maior assassino é a bronquite crônica — é cerca de trinta a quarenta vezes mais mortal lá do que nos Estados Unidos. E, novamente, a poluição do ar parece afetar primariamente aqueles que têm bronquite crônica, quase todos eles fumantes inveterados, de acordo com o jornal médico inglês *The Lancet*.

Como a DBOC se inicia

Quando a fumaça do cigarro é tragada por dois a cinco segundos, cerca de 80% a 90% permanece no corpo. O que ocorre com essa fumaça no interior das pessoas não é conhecido com precisão devido à impossibilidade de se fazer pesquisas em seres humanos vivos. Contudo, em cobaias, as partículas maiores de alcatrão do tabaco são depositadas na parte superior das ramificações bronquiais; as partículas menores se alojam mais abaixo. Parece provável que os gases do fumo permanecem nos ramos mais altos dos brônquios.

Foram feitas autópsias em pulmões de 1.340 pessoas mortas de causas diversas e para as quais havia à mão um histórico de fumantes. Uma porção de cada um dos quatro principais lóbulos foi retirada e amostras do material foram dispostas ao acaso para que os cientistas não soubessem quais estavam observando.

Após serem checados microscopicamente, os resultados de pares de fumantes e de não-fumantes foram comparados. Alterações patológicas nos pulmões foram maiores para:

1. O fumante de cigarro mais velho do que o mais jovem fumante.
2. O fumante de um maço por dia do que o "que nunca fumara".
3. O fumante de um maço por dia do que o fu-

mante de meio maço por dia.
4. O fumante de dois maços por dia do que para o fumante de um maço e meio diários.
5. O fumante atual de cigarros do que para o fumante que parara de fumar há vinte anos.

Conclusões do Relatório do Chefe do SSP dos EUA: "O fumo de cigarros é a causa mais importante de doença bronco-pulmonar obstrutiva crônica nos Estados Unidos... Ex-fumantes de cigarros apresentam menores índices de mortalidade da DBOC do que os que continuam a fumar. Parar de fumar está associado à melhoria da função ventilatória".

TABAGISMO: SÉRIO
PROBLEMA DE
SAÚDE PÚBLICA
José Rosemberg
Almed Editora
Formato: 16x23
372 páginas
São Paulo
1987

A POLUIÇÃO PELO FUMO DO CIGARRO. DISTÚRBIOS PROVOCADOS NOS FUMANTES INVOLUNTÁRIOS

José Rosemberg

A poluição pelo fumo do cigarro e os efeitos deletérios sobre os não-fumantes que a ela se expõe (fumantes involuntários ou passivos) assumem enorme importância epidemiológica em face do acúmulo de dados nos últimos anos.

Poluição a que se expõe diretamente os fumantes

O cigarro é um poluente individual muito mais nocivo que a poluição atmosférica urbana. Fumando 20 cigarros por dia, com a média de 20mg de alcatrão por cigarro, inala-se 400mg de matéria particulada. A concentração de particulados na atmosfera urbana é de 0,1 mg por metro cúbico e uma pessoa respira por dia em torno de 20 metros cúbicos, inalando 2mg de particulados. Logo no caso mencionado, o cigarro leva ao pulmão, diariamente, 200 vezes mais particulados que a atmosfera. A concentração de monóxido de carbono em partes por milhão (ppm) é de 1 a 30 no ar urbano normal, 30.000 a 80.000 nos escapamentos dos automóveis e 20.000 a 60.000 no fumo do cigarro. Logo, fumando um cigarro, pode-se inalar espantosa concentração de ppm de monóxido de carbono (50.000 em média), equivalente a pôr a boca no cano de escapamento de um automóvel. O alto grau de poluição fornecido pelo cigarro pode ser ainda avaliado sabendo-se que a concentração desse gás nos alvéolos pulmonares é normalmente de 300 a 400 ppm. Um mililitro de fumo de cigarro sem filtro contém cerca de 5×10^9 partículas, sendo portanto extremamente poluente em comparação com as mais elevadas concentrações de poluentes urbanos, que ficam em torno de 10^5 por mililitro.

As partículas do fumo do tabaco variam de 0,15 a 1,0 micra, tornando-se potencialmente danosas ao pulmão.

Assim sendo, a concentração de material particulado do fumo do cigarro pode atingir 100 milhões de vezes acima dos piores desastres conhecidos em cidades industriais por ocasião de inversões térmicas da atmosfera. A poluição do ar, embora menos patogênica que o fumo do cigarro, recebe mais atenção porque a exposição das pessoas é permanente e involuntária. Todavia, os fumantes se expõem a concentrações muito mais intensas do que as permitidas nas indústrias dos Estados Unidos. Assim, acreleína, monóxido de carbono, ácido cianídrico e acetaldeído, componentes do fumo, comparadas as concentrações em ppm com as máximas permitidas na indústria nos Estados Unidos, são respectivamente 840, 1.500, 160 e 16 vezes maiores.

Em Londres e em Paris dosou-se a carboxiemoglobina no sangue de guardas de tráfego, motoristas e outros expostos a altas concentrações de monóxido de carbono, encontrando-se a taxa média de 1,5% nos não-fumantes, contra 10% nos tabagistas. Calcula-se que nas cidades mais poluídas a quantidade anual de benzopireno (cancerígeno) inalada por pessoa seja de 120mg; quem fuma 20 cigarros diariamente absorve nesse prazo 60mg; portanto, o que fuma 2 maços diários inala tanto benzopireno quanto o da poluição atmosférica, dobrando a sobrecarga nociva. Já se sabe que os consumidores de 30 cigarros por dia acumulam nos brônquios alfa-emissores do polônio-210, sofrendo irradiação equivalente a 8.000 rems por ano.

Os poluentes do fumo inalados pelo fumante correspondem ao que se chama "corrente principal". Esta atravessa a coluna de tabaco e o filtro, quando existe, os quais todavia pouco retém dos componentes do fumo. Estes últimos se difundem numa atmosfera restrita de apenas 4 a 5 litros de ar, que é a capacidade pulmonar. Com cada tragada concentram-se no pulmão milhares de ppm das mais variadas substâncias. Uma idéia da enormidade que isso significa é dada pelos padrões internacionais; quando a poluição atmosférica urbana apenas passa de 40 ppm, o ar já é considerado crítico e declara-se estado de emergência...

Poluição do meio ambiente pelo fumo do cigarro

O fumo expelido na atmosfera pelo fumante após a tragada contém em média um sétimo das quantidades das substâncias voláteis e particuladas e menos da metade de monóxido de carbono. Porém, o fator mais importante para a poluição ambiental é do fumo que se exala da ponta do cigarro. É a chamada "corrente secundária", com todos os componentes em maiores concentrações. A corrente secundária é produzida durante 96% do tempo total do consumo de um cigarro. Uma das análises mais meticulosas dessa corrente, feita pelo Departamento de Educação e Bem-Estar dos Estados Unidos (quadro 15. 1, pág. 117), registrou que ela contém 3 vezes mais óxido de carbono, 8 vezes mais dióxido de carbono, 3 vezes mais nicotina e alcatrão, 4 vezes mais benzopireno, 52 vezes mais dimetilnitrosamina, 47 vezes mais amônia e muitas vezes mais outras substâncias.

A capacidade poluidora dá corrente secundária

Quadro 15.1
Proporções a mais de substância do cigarro assinaladas na corrente secundária em relação à corrente principal

Fase gasosa			
Dióxido de carbono	8,1	Óxido de Nitrogênio	—
Monóxido de carbono	2,5	Amônia	73,0
Metana	3,1	Ácido cianídrico	0,25
Acetileno	0,8	Acetonitrila	3,9
Propanopropopeno	4,1	Piridina	10,0
Clorometil	2,1	3-picolina	13,0
Metilfurano	3,4	3-vinilpiridina	28,0
Propionaldeído	2,4	Dimetilnitrosamina	52,0
2-butanona	2,9	Nitrospirrolidina	27,0
Acetona	—		

Fase particulada			
Alcatrão	1,7	Nicotina	1,7
Tolueno	5,6	Quinolina	11,0
Stigmasterol	0,8	Metilquinolinas	11,0
Fitosteróis	0,8	Anilina	30,0
Fenol	2,6	2-naftilamina	39,0
Catecol	0,7	4-aminobifenil	31,0
Naftaleno	16,0	Hidrazina	3,0
Metilnaftaleno	28,0	N-nitrosonornicotina	5,0
Pireno	3,6	NNK^2 (*)	10,0
Benzopireno	3,4		

(*) 4-(N-metil-N-(nitrosamino)-1-(3-piridil) 1-butanona. (nitrosamina carcinogênica específica do tabaco).
Fonte: U.S. Departament of Health, Education and Welfare, 1979 [52].

varia com o número e tipo de cigarros consumidos e com as condições de aeração (charutos e cachimbos são mais poluidores; porém, pelo seu pouco uso, são de pequena significação epidemiológica). Jones e Fagan calcularam, em sala de 1.000 metros cúbicos, com ventilação normal, contendo 25 fumantes consumindo 4 cigarros por hora, que a concentração atmosférica do monóxido de carbono sobrepassa em quase o dobro da concentração máxima permitida pelo regulamento de trabalho (50 ppm). Na prática, isso sucede comumente. Em certas condições, a corrente secundária pode libertar até 200 ppm de monóxido de carbono e já se assinalou, em recintos poluídos pelo cigarro, 384 mil vezes mais poluentes que o máximo permitido. Nos locais onde se fuma, o ar rapidamente sobrepassa o padrão de qualidade de bom ar, que é de 9 ppm. Além da nicotina e de monóxido de carbono, outros componentes são encontrados na atmosfera, como acroleína, formaldeído, benzopireno, nitrosaminas; 75% do polônio-210 radioativo chegam a se difundir no ambiente.

É fácil se perceber como os poluentes do fumo são inalados pelos não-fumantes, quando a eles se expõem. O grau de exposição àqueles é avaliado por exames bioquímicos. A carboxiemoglobina resultante da combinação do monóxido de carbono com a hemoglobina encontra-se normalmente em níveis de 0,4% a 0,6% no sangue. Nos tabagistas, estes podem chegar a 15%. Nos fumantes involuntários em salas com 38 ppm de monóxido de carbono, essa concentração pode atingir a 3%, como demonstrou Russel, e até a 8% ou mais conforme verificado por diversos autores (Luca, Feyereband e outros). Se o monóxido de carbono chega a 30 ppm, durante 8 horas, a carboxiemoglobina no sangue dos fumantes involuntários pode ser equivalente a dos que consomem 5 cigarros.

Outro parâmetro de interesse na avaliação da exposição à poluição tabágica é a pesquisa da nicotina; esta pode atingir 90ng/ml e 80ng/ml, respectivamente, no sangue e na urina dos fumantes passivos, conforme a intensidade da poluição ambiental tabágica. Durante uma jornada de trabalho em locais onde se fuma, os não-fumantes podem ter concentrações de nicotina equivalentes a ter fumado de 1 a 10 cigarros. Quantidade de nicotina equivalente a fumar 1 cigarro foi encontrada no sangue de aeromoças não-fumantes, após 8 horas de vôo. Os poluentes do cigarro se dispersam homogeneamente, na atmosfera ambiente, de modo que os não-fumantes posicionados próximos ou distantes dos fumantes acabam inalando a mesma quantidade de monóxido de carbono; foi demonstrado que em ambas as situações as taxas de carboxiemoglobina são as mesmas, nos recintos mais diversos com qualquer tipo de ventilação. Portanto, a separação de fumantes e não-fumantes nesses locais e nos aviões pouco vale. Na Universidade de Kioto demonstrou-se que nos fumantes passivos as taxas de nicotina e cotinina (principal metabólito da primeira) se elevam, conforme a exposição à poluição tabágica é só no trabalho ou no domicílio ou nos dois locais. Em bebês com dias de idade, quando se fuma no domicílio, a nicotina e a cotinina chegam a atingir concentrações elevadas de até 350ng por miligrama de saliva ou urina; há relação direta das taxas registradas e o fato de as mães terem fumado nas 24 horas anteriores. Aquele alcalóide e seu metabólito chegam ao líquido amniótico e o tiocianato ao cordão umbilical, quando gestantes não-fumantes se expõem à poluição tabágica, tornando-se assim o feto um "fumante passivo de segunda-linha".

Na vida urbana não há como fugir da poluição tabágica. As análises nos mais diversos recintos, como residências, escritórios e outros locais de trabalho, restaurantes, centros recreativos, etc., revelam que a principal fonte de particulados respiráveis provém da combustão do cigarro. O fato de a nicotina estar presente na urina da imensa maioria dos não-fumantes nas cidades reflete quanto a exposição à poluição tabágica é comum na vida cotidiana.

O tabagista sofre a ação prejudicial da soma da corrente principal e secundária e os fumantes involuntários, só desta última, mas que também é prejudicial à saúde, como se verá a seguir.

Efeitos passivos nas crianças

As crianças de baixa idade são especialmente sensíveis à poluição do cigarro. Sua árvore bronquial sofre facilmente os efeitos irritantes e tóxicos do fumo. Quando submetidas a exposições alternadas à atmosfera comum e à poluída por tabagista, acusam, na segunda condição, aumento do ritmo cardíaco e elevação da pressão sistólica (Luquete e col.). Bergman e Wiesner, constataram que, independente de as mães terem fumado durante a gravidez, há maior incidência da síndrome da morte súbita infantil nos lares onde se fuma.

Os filhos de pais fumantes, especialmente quando são alérgicos, têm mais freqüentemente rinite, chiado bronquial, asma declarada; a incidência desses quadros é 3 ou mais vezes maior do que a constatada nas crianças de pais abstêmios. Com a eliminação do cigarro, usualmente se segue melhoria clínica.

Infecções respiratórias baixas (bronquite aguda, bronquiolite, pneumonia, broncopneumonia) são nitidamente mais freqüentes nas crianças de baixa idade que crescem em lares onde se fuma. É referido o aumento de hospitalizações por esses processos em decorrência da poluição domiciliar pelo fumo. Estudo em mais de 10 mil crianças em Jerusalém revelou 27,5% a mais de hospitalizações por episódios respiratórios entre filhos de mães tabagistas, que nos descendentes de genitores não-fumantes. O National Center for Health Statistic dos Estados Unidos apurou que os filhos de famílias fumantes passam mais dias acamados por sintomas respiratórios, havendo relação com o número de fumantes. A conclusões semelhantes, acrescendo que o fato independe do nível de educação familiar, já havia chegado o National Health Interwiew Survey daquele país.

Uma das primeiras e mais meticulosas individualizações das infecções respiratórias em filhos de fumantes foi efetuada pela Escola de Higiene e Medicina Tropical de Londres, em 2.205 crianças de 0 a 5 anos. A incidência anual de bronquites e processos pneumônicos foi de 7,8% com pais abstêmios, 11,4% quando um destes era fumante e 17,6% quando ambos eram tabagistas. Foi também investigada a existência de afecções respiratórias crônicas nos progenitores. Os episódios broncopulmonares dos filhos tiveram correlação com eles, mas, embora havendo ou não bronquite e expectoração nos pais, a incidência daqueles esteve sempre correlacionada com o número de cigarros por estes consumidos. A influência da poluição tabágica ambiental nos surtos broncopulmonares das crianças só teve significância estatística no primeiro ano de vida. Inquérito congênere de Leeder e col., também em Londres, incluiu a situação dos pais com ou sem asma, tosse e expectoração. A incidência dos processos respiratórios nas crianças até 5 anos de idade foi de 6,7% e 7,6% nos casos de pais assintomáticos e não-fumantes; no outro extremo, 39,3% com pais fumantes e sintomas respiratórios e 18,4% quando eles eram assintomáticos. Não obstante, o efeito que sintomas respiratórios dos pais exercem sobre os processos broncopulmonares das crianças de baixa idade, ficou bem claro o papel da poluição pelo fumo na incidência dos referidos episódios.

De nossa parte, realizamos dois estudos semelhantes. O primeiro (Rosemberg, Fleury Oliveira, Kedy e Sawada) refere-se à amostragem de 17.052 crianças no Hospital da Zona Norte de São Paulo e o segundo (Rosemberg, Schmidt e Palmieri) é de 2.616 crianças matriculadas no Ambulatório de Pediatria da Faculdade de Ciências Médicas de Sorocaba. Em ambas as investigações, as crianças tinham idades até 5 anos e provinham de lares com e sem fumantes, residentes em áreas de pouca ou nenhuma poluição atmosférica. Na primeira, constatou-se associação de processos infecciosos respiratórios das crianças até 1 ano de idade com o número de fumantes na casa. A incidência foi a seguinte: crianças provenientes de lares abstêmios, 17%; com 1 fumante na casa, 28%; 2 fumantes, 41%; e mais de 2 fumantes, 50%. No segundo estudo, a incidência dos referidos surtos foi: crianças sem poluição tabágica, 18%; pai fumante, 20%; e mãe fumante, 37%. Em ambos os estudos, as crianças acima de 1 ano de idade também sofreram aumento de incidência de episódios respiratórios, porém sem significância estatística (Gráfico 15. 1). As formas das manifestações respiratórias foram bronquiolite, bronquite com broncoespasmo, bronquite aguda catarral, pneumonia e broncopneumonia. Ressalte-se que as duas primeiras atingiram respectivamente 34% e 36% nos casos de pais fumantes, contra 15% e 22% quando os pais eram abstêmios. O excesso de processos com broncoespasmo nas primeiras pode ser explicado pela produção de anticorpos do tipo imunoglobulina E (IgE) ao estímulo de antígenos particulados do fumo do tabaco. Sabe-se que IgE costuma estar aumentada nos fumantes e verificou-se que pode também se elevar nas crianças fumantes passivas. Por sua vez, a elevação da prevalência de bronquiolites pode ser explicada pela maior incidência do vírus sincicial respiratório em crianças expostas à poluição tabágica.

É importante atentar para o fato da associação estreita de doenças respiratórias em crianças de baixa idade com o grau de poluição tabágica, correlacionado com o número de cigarros consumidos no domicílio, número de fumantes e, sobretudo, com as mães tabagistas. Esta correlação foi também encontrada em todas as outras pesquisas semelhantes. Só para citar um exemplo, estudo efetuado na Nova Zelândia, aplicando o método da regressão logística, ressaltou relação quase linear das infecções respiratórias no primeiro ano de vida com o tabagismo materno. As manifestações respiratórias das crianças fumantes-passivas são mais freqüentes nos primeiros meses de existência, não só pela maior vulnerabilidade das vias respirató-

Quadro 15.1

Infecções respiratórias em crianças de 0 a 5 anos de idade oriundas de famílias com e sem fumantes. Estudo de 19.668 crianças. A) Crianças da periferia de São Paulo: número de fumantes no domicílio. B) Crianças de áreas semi-rurais de Sorocaba: tabagismo familiar

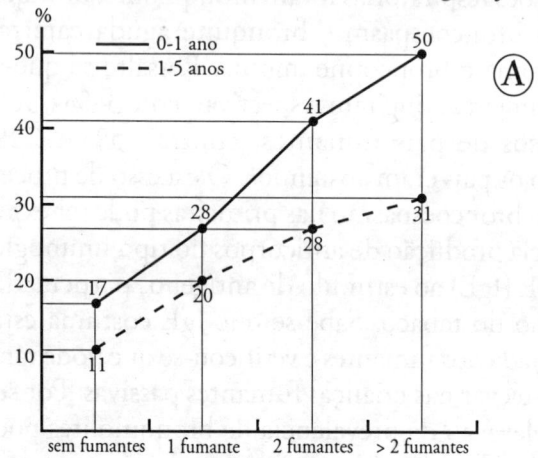

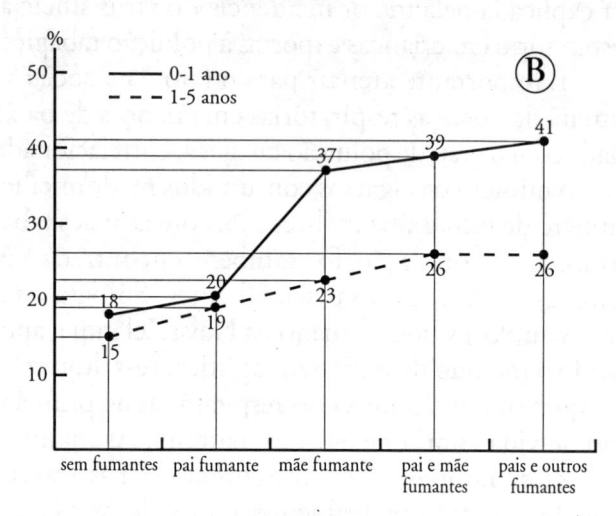

A)

	sem fumantes	1 fumante	2 fumantes	> 2 fumantes
0-1 ano	17	28	41	50
1-5 anos	11	20	28	31

B)

	sem fumantes	pai fumante	mãe fumante	pai e mãe fumantes	pais e outros fumantes
0-1 ano	18	20	37	39	41
1-5 anos	15	19	23	26	26

Fonte: A) Rosemberg, J., Fleuri, O. F., Kedy, Y.
B) Rosemberg, J., Schimidt, B.J., Palmieri, I.

rias, como também porque elas passam muito mais tempo no domicílio em contato com a mãe, que quando fumante polui muito mais o ambiente.

Em condições peculiares, doenças respiratórias em crianças, devidas à poluição tabágica, podem assumir caráter epidêmico, como se constatou na região do Midi-Pirineus, França, onde se registraram nas crianças coabitando com fumantes 59% de crises de tosse e 48% de bronquites asmatiformes. Essas manifestações foram particularmente significativas por ocorrerem com maior freqüência nas segundas-feiras após um fim de semana de tabagismo familiar.

Em suma, os prejuízos para o aparelho respiratório das crianças de baixa idade fumantes involuntárias estão bem comprovados e justificam a incorporação à literatura de nova síndrome: "pais fumantes-filhos tussidores".

Sobre a situação exposta, é de interesse abordar outro aspecto do problema. Sabe-se que nos adolescentes e jovens adultos, filhos, de pais fumantes, há maior prevalência de tabagistas. Essa maior tendência a fumar, entre outras causas, seria o exemplo dos pais fumantes que os leva a encarar o ato de fumar como um comportamento social normal. Questionamos essa explicação indagando se o início do tabagismo nesses jovens talvez seja também a conseqüência da necessidade orgânica criada por anos de inalação involuntária da nicotina. Crianças fumantes passivas adquirem nicotino-dependência? É desejável aprofundar pesquisa nessa linha.

As crianças mais desenvolvidas (idade escolar) e os adolescentes, sob poluição tabágica domiciliar, apresentam, com maior freqüência, tosse matinal refletindo implantação de bronquite; às vezes, a manifestação é asmatiforme, sendo comum a presença do chiado bronquial. Estudos longitudinais sobre o assunto somam mais de 200 mil crianças de 5 a 19 anos. Como ilustração, mencionamos a investigação realizada em 10 mil crianças de 6 cidades norte-americanas, revelando que o tabagismo materno foi responsável pela elevação de 20% a 35% de tosse, bronquite e chiado bronquial. O tabagismo paterno teve menor participação. Houve correlação linear dos sintomas com o número de cigarros consumidos pelos pais em casa. Os distúrbios respiratórios, por terem sede principal nas alterações dos pequenos bronquíolos, aceleram nessas crianças a diminuição dos valores funcionais respiratórios. Em Boston, por exemplo, as provas funcionais (VEF1 e FEF 25%-75%) repetidas, realizadas em crianças de 5 a 15 anos de idade, demonstraram nos filhos de pais fumantes reduções de 7% a 11% sobre os valores esperados, em cotejo com aqueles que viviam em ambientes sem cigarro.

Há referências de maior incidência de otite média e maior número de adenoidectomias e tonsilectomias nas crianças com pais fumantes.

A poluição tabágica pode afetar o desenvolvimento das crianças, talvez pela carência freqüente de oxigênio que se instala nas fumantes passivas. É o que constatou o National Study of Health and Grown, reunindo 28 pesquisas na Inglaterra e Escócia; forte associação inversa foi encontrada na altura média das crianças com os lares onde se fumava.

Efeitos passivos nos adultos

É grande o número de pessoas acusando sintomas imediatos com a inalação involuntária do fumo do cigarro. Amplo inquérito efetuado por Speer registrou as seguintes queixas: irritação dos olhos, 69,2%, dor de cabeça, 31,6%, manifestações nasais, 29,2%, tosse, 25,2% (o total excede de 100% porque vários mencionaram mais de um distúrbio). São comuns essas queixas, inclusive de irritação da garganta, nos casos de ar seco. Sendo a umidade quase sempre inferior a 20%, os efeitos da poluição tabágica são substancialmente maiores. O assunto foi alertado quando agências federais norte-americanas cooperaram em inquéritos de passageiros de aeronaves; cerca de 60% dos não-fumantes informaram serem incomodados pelos fumantes. Pelo que se viu no item 15.2 (pág. 130), conclui-se que a separação nos aviões não tem valor.

Pessoas com processos respiratórios alérgicos e/ou de outra natureza e cardíacos são mais sensíveis à poluição tabágica, e podem sofrer acessos de dispnéia ou alterações da pressão arterial. Aronow e col. demonstraram que a exposição à poluição tabágica, conforme as renovações do ar ambiental, pode após uma hora aumentar a carboxiemoglobina no sangue de 40,5% a 181% nos pacientes coronarianos e anginosos e, de até 185% nos portadores de doença pulmonar obstrutiva crônica. Por outro lado, o tempo de exercício para produzir dor no primeiro caso e dispnéia no segundo pode ser reduzido, respectivamente, de 22%-38% e de 50%.

Os adultos sadios, fumantes passivos há 15 a 20

anos, apresentam com grande freqüência efeitos restritivos das pequenas vias aéreas, prejudicando a função respiratória, que, mesmo nas condições subclínicas, são detectáveis por meio de provas sensíveis. Na Universidade de San Diego, Califórnia, observaram-se 2.100 adultos abstêmios, em cujos lares ninguém fumava, que foram divididos em dois grupos: A) os que trabalhavam em locais onde não se fumava; e B) os que durante 20 anos ou mais trabalhavam próximos a fumantes. Nos dois grupos não havia poluição ocupacional e procederam-se as medições, escolhidas aleatoriamente, do monóxido de carbono ambiental. Avaliaram-se o VEF1, FEF 25%-75% e FEF 75%-85%. Os valores encontrados foram cotejados com os dos fumantes há mais de 20 anos, respectivamente, de 1 a 10, 11 a 39 e 40 ou mais cigarros diários. Os resultados revelaram que os indivíduos do grupo A tinham função normal e os do grupo B, isto é, fumantes passivos, tinham redução significante em relação aos valores preditos, traduzindo restrições das pequenas vias aéreas. A comparação desses índices com a de tabagistas evidenciou que esses fumantes passivos sofreram redução da sua capacidade funcional respiratória equivalente à de fumantes de 1 a 10 cigarros diários. Essa deterioração da função respiratória em fumantes involuntários vem sendo confirmada nos outros centros de pesquisa. Pelo seu rigor científico, ressalta-se a investigação realizada na França, sob os auspícios do programa Pollution Atmospherique et Affections Respiratoires Chroniques, em 7.800 pessoas de 7 cidades, cujo tipo de poluição foi previamente analisado e dosado. Estudou-se a capacidade funcional pulmonar de casais nos quais o marido ou a esposa eram abstêmios, sendo fumante o cônjuge correspondente, assim como casais em que ambos não fumavam. Entraram na investigação os maiores de 40 anos de idade, portanto com maior probabilidade de a exposição do fumante passivo ser de pelo menos 15 anos. Os resultados revelaram que os fumantes passivos de ambos os sexos, cujos cônjuges fumavam pelo menos 10 cigarros por dia, tinham índices menores de FEF 25%-75% e do VEF1 do que aqueles casados com não-fumantes. Essas diferenças foram mais marcantes nas esposas, mesmo naquelas que, sendo de prendas domésticas, estavam menos expostas à poluição tabágica exterior. As deficiências funcionais respiratórias não tiveram qualquer relação com as condições sócio-econômicas, nível educacional, número de familiares e com as peculiaridades da poluição atmosférica da cidade.

Em outra linha de pesquisa tem-se verificado que nos fumantes passivos, do mesmo modo que nos tabagistas, ocorre diminuição da sensibilidade das plaquetas sangüíneas à ação antiagregatória das prostaglandinas; esse distúrbio é fator de aterosclerose. A exata importância clínica desses achados deve ser estabelecida. Todavia, já existe informação da Divisão de Epidemiologia da Universidade da Califórnia de estudo prospectivo de 10 anos de seguimento no qual a mortalidade por isquemia do miocárdio foi 14,9 vezes maior nas esposas não-tabagistas com maridos fumantes que naquelas sem poluição tabágica matrimonial. A matéria exige ampliação das observações.

Na urina de fumantes passivos, da mesma forma

como ocorre nos tabagistas, encontram-se concentrações variáveis de mutagênicos, demonstrado com microssomos de *Salmonellas*, como foi verificado em pessoas expostas à poluição de cigarros durante 6 horas, em salas pouco ventiladas. Essas substâncias mutagênicas derivam do benzopireno, nitrosaminas, alfaemissores e outros componentes cancerígenos respirados, por estarem, como se viu, presentes na corrente secundária. Nesta, identificaram-se cerca de 60 compostos químicos cancerígenos. Realmente, o interesse despertado pelo assunto desenvolveu investigações que evidenciam o aumento do risco de câncer pulmonar nos fumantes involuntários. Estimativa recente de Rapace e Lowrey é de que nos Estados Unidos os fumantes passivos podem se expor a até 14 mg de tabaco por dia e que neles o câncer do pulmão deve incidir na proporção de 50 casos por 100 mil.

Amplo estudo prospectivo foi conduzido por

Quadro 15.2
Câncer do pulmão. Mortalidade por 100 mil em 108.905 mulheres acima de 40 anos de idade. Catorze anos de seguimento.

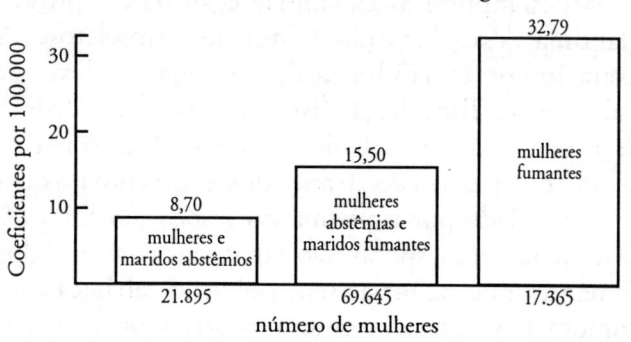

número de mulheres	Coeficientes por 100.000
21.895 — mulheres e maridos abstêmios	8,70
69.645 — mulheres abstêmias e maridos fumantes	15,50
17.365 — mulheres fumantes	32,79

Fonte: Hirayama. Instituto de Pesquisa do Centro Nacional de Câncer. Tóquio. 1981.

Hirayama no Instituto de Pesquisas do Centro Nacional de Câncer do Japão, com seguimento durante 14 anos, de 91.540 mulheres com 40 ou mais anos de idade, não-fumantes, casadas com maridos fumantes ou não. A mortalidade por câncer do pulmão nas esposas de maridos consumidores de mais de 20 cigarros diários foi de 15,5 por 100 mil, isto é, quase o dobro da apurada naquelas cujos cônjuges não fumavam, ou seja, 8,70 (Gráfico 15.2, pág. 130). Nos casais mais jovens o risco relativo das esposas fumantes involuntárias foi menor, devido ao pouco tempo de exposição à poluição tabágica. Outro aspecto é que, considerando os maridos tabagistas imoderados, o risco das esposas para o câncer do pulmão foi mais elevado nas residentes nas áreas rurais do que nas residentes nos centros urbanos, sendo essa diferença atribuída ao maior convívio dos casais nas primeiras. Recentemente, dados adicionais publicados depois de seguimento de 16 anos confirmam os resultados anteriores. Ainda mais, em confronto com as mulheres cujos maridos nunca fumaram, nas esposas de ex-fumantes e fumantes de 1 a 14, 15 a 19 e 20 ou mais cigarros diários, a mortalidade proporcional a mais, por câncer pulmonar, foi de 1,36, 1,42, 1,58 e 1,91, respectivamente. Da mesma forma, em relação ao número de cigarros consumidos pelos esposos, consignou-se em suas mulheres um excesso de mortalidade por câncer dos seios paranasais de 2,27, 2,56 e 3,34, respectivamente. Pesquisas clínicas realizadas na Grécia, Alemanha, Hong Kong e em cerca de uma dezena de centros nos Estados Unidos, entre estes a de Garfinkel e Auerbach em 4 grandes hospitais, concluem que as esposas de maridos fumantes (principalmente quando estes consomem 20 ou mais cigarros/dia) acusam 2 a 3,5 vezes maior incidência de câncer pulmonar que o verificado naquelas cujos cônjuges não são tabagistas.

Um dado epidemiológico significativo da ação cancerígena da poluição ambiental pelo cigarro é fornecido por comunidades religiosas não-fumantes (Adventistas do 7º Dia, Amish), quando por peculiaridades sócio-geográficas têm pouco contato com a população geral. A incidência do câncer do pulmão tem sido bem inferior à dos não-fumantes desta última, porque entre as primeiras a condição de fumante passivo é pouco comum. Outro dado epidemiológico ilustrativo advém da pesquisa controlada promovida em 110 mil sobreviventes das bombas atômicas de Hiroshima e Nagasaki. Independentemente do risco esperado de câncer do pulmão, as mulheres abstêmias, cujos maridos fumavam, tiveram em média aumento de 50% acima do previsto; o risco cresceu 90% e 100% naquelas com parceiros consumindo respectivamente 20 e mais de 30 cigarros por dia. Essas constatações revelam que a ação cancerígena dos poluentes do cigarro pode se superpor no tempo à decorrente da irradiação.

Existem até o momento resultados de 14 estudos epidemiológicos em comunidades diversas consignando, em média, o dobro da mortalidade por essa neoplasia nas mulheres com maridos fumantes, comparada com a das mulheres de casais que não fumam; em 5 delas há registro de dose-resposta, e sugerem que o maior risco é assumido pelas que se expõem à poluição do cigarro, conjuntamente no domicílio e no trabalho, sendo a do primeiro 4 vezes mais poluente.

Outra noção de suma importância epidemiológica vem à tona com as investigações de Correa e col., na Universidade de Louisiana. Notou-se entre os tabagistas maior incidência de câncer pulmonar nos que foram fumantes passivos na infância, devido ao tabagismo materno. Sandler, na Universidade de Carolina do Norte, USA, apurou que o risco de câncer pulmonar nos fumantes passivos, em confronto com os não expostos continuamente à poluição do cigarro, foi de 50% a mais quando a exposição foi só na idade adulta e 60% quando ocorreu na infância, subindo a 170% a mais nos que foram fumantes passivos nos dois períodos, isto é, durante toda a vida.

Repace estima que nos Estados Unidos os fumantes involuntários concorrem anualmente com 5 mil óbitos por câncer do pulmão. Hirayma esclarece que os dados japoneses indicam para os fumantes involuntários o risco dessa neoplasia em um quinto da verificada nos tabagistas. Considerando todavia a enorme quantidade de mulheres fumantes passivas, o câncer do pulmão, em números absolutos, nela assume proporções epidemiológicas altamente significativas. Isso explica o fato, até pouco tempo tido como paradoxal, da apreciável incidência desse tumor nas mulheres que não fumam ser superior à estatisticamente esperada.

Os dados epidemiológicos conferem nova dimensão epidemiológica ao tabagismo. Os malefícios do cigarro são mais extensos do que se pensava, porque não se restringem aos fumantes, atingindo aos que vivem sob poluição tabágica no domicílio, no trabalho, nas horas de lazer, etc. As pessoas passam cerca de 80% do seu tempo em recintos mais ou menos fechados, e a Organização Mundial de Saúde considerada o fumo do cigarro a maior e mais constante fonte de poluição ambiental. Estima-se que nos centros urbanos, em média, cerca de dois terços dos não-tabagistas são fumantes involuntários.

Estamos, pois, ante epidemia de conseqüências graves a preocupar a Saúde Pública de todos os países. Já são 47 os que possuem medidas de âmbito nacional de proteção aos não-fumantes. Cresce nas nações mais adiantadas a preocupação legal do direito dos não-fumantes, que são maioria, de respirar ar não poluído pelo cigarro.

NOVA ENCICLOPÉDIA
BARSA
Livro do Ano-1997
Encyclopaedia Britannica
do Brasil Publicações
ISBN: 85-7026-421-6
Formato: 22x29
Rio de Janeiro/São Paulo

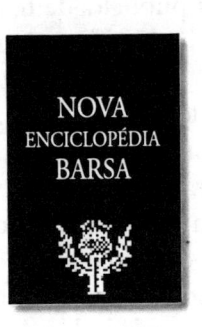

É PROIBIDO FUMAR, É VÁLIDO PROIBIR — UMA REFLEXÃO SOBRE AUTORITARISMO E LIBERDADE

Renata Guerra *

Em 15 de julho de 1996, o presidente Fernando Henrique Cardoso sancionou a lei que proíbe o cigarro em recintos fechados, particulares ou públicos. Os trinta milhões de fumantes brasileiros tiveram de resignar-se a fumar apenas em áreas especialmente destinadas a esse fim. No país que é o maior

---

* Renata Guerra é editora-assistente da Encyclopaedia Britannica do Brasil.

exportador de folhas de fumo do mundo, proibiu-se também a publicidade televisiva de cigarros entre as 6 e as 21 horas. No mês seguinte, o presidente dos Estados Unidos, Bill Clinton, apertou o cerco aos fabricantes de cigarros e anunciou a decisão de classificar o fumo como droga, concedendo à Food and Drugs Administration (FDA), entidade encarregada de supervisionar a qualidade de alimentos e remédios, amplos poderes para controlar o uso do fumo. O cigarro passou a ser classificado como "droga de iniciação" e teve proibida a distribuição de amostras grátis e a venda por correio, máquinas automáticas e auto-serviço. A nicotina, entendida como droga causadora de dependência, foi vetada aos menores de idade.

No Brasil e nos Estados Unidos, as discussões suscitadas pelas leis ou regulamentos que restringem o direito de fumar detiveram-se sobretudo em dois aspectos: a eficácia das medidas repressivas e os direitos individuais daqueles que dizem fumar porque querem. Se ainda é cedo para contabilizar os resultados das proibições oficialmente impostas, os efeitos da restrição progressiva do direito de fumar em lugares públicos estão à vista. Limitando as oportunidades de acender um cigarro, reduz-se o número de cigarros consumidos.

Quem não pode ou não quer deixar de fumar, passa a fumar menos. Segundo dados do Instituto Nacional do Câncer, a indústria brasileira de cigarros pôs no mercado interno, em 1996, trinta bilhões de unidades menos que há seis anos.

Os militantes antitabagistas creditam a redução no consumo global de cigarros principalmente às campanhas educativas e ao abandono voluntário do hábito, mas está fora de dúvida que as medidas coercitivas ajudaram bastante. Em muitos ambientes de trabalho, o fumante passou a ser visto como o oposto do que a publicidade propõe: um sujeito fraco que precisa abandonar suas tarefas para dar largas ao vício incontrolável. Ousar fumar é reconhecer a impotência para derrotar um mau hábito que outros nunca adquiriram ou que conseguiram abandonar.

Fumo e publicidade

Uma verdadeira guerra publicitária deflagrou-se em 1996, entre os setores economicamente interessados na manutenção da liberdade de fumar — grandes plantadores de fumo e fabricantes de cigarros — e os líderes das campanhas antitabagistas, apoiados pelos governos que implantaram medidas restritivas ao fumo. O público de televisão e imprensa, acostumado aos agressivos comerciais veiculados pelos maiorais de cada setor econômico em disputa pelos mesmos mercados, passou a assistir a uma guerra publicitária sem precedentes: nela, um dos lados não está motivado por interesse comercial nem dispõe de verbas de publicidade astronômicas, mas tem conseguido vitórias significativas sobre o poderoso adversário. Esse quadro extrapola a questão do tabagismo e ressuscita as esperanças na eficácia da mobilização da sociedade por algo de seu exclusivo interesse.

A propaganda da indústria tabaqueira, que sistematicamente associa o ato de fumar ao sucesso, aos prazeres da vida e a práticas atléticas — na verdade bem pouco compatíveis com o tabagismo —, chegou às raias do escândalo nos comerciais que a Philip Morris européia veiculou na imprensa espanhola, em meados de junho. Manipulando dados de pesquisas diversas sobre a toxicidade de substâncias presentes em alimentos de uso cotidiano, os anúncios pretendiam demonstrar que os transtornos causados pela fumaça de cigarros à saúde dos não-fumantes equivalem aos prejuízos da ingestão de pimenta-do-reino, inocentes biscoitinhos e mesmo água tratada (Ver anúncio na pág. 140).

A campanha publicitária da Philip Morris pretendia derrubar o que considerava um mito — o de que os pulmões do não-fumante são prejudicados pela fumaça alheia — e salvaguardar os direitos dos consumidores de cigarros, mas acabou por provocar protestos irados mesmo numa população que debocha unanimemente da paranóia antitabagista americana e consome toneladas de fumo, em todo lugar e a toda hora.

Foro íntimo ou problema social?

O argumento supostamente definitivo que se costuma usar em defesa do hábito de fumar e contra as medidas repressivas é o da liberdade de escolha. O fumante tem o direito de fumar, da mesma forma como o motoqueiro deve ter o direito de deixar o capacete em casa e o motorista pode preferir não usar cinto de segurança. O cidadão, em uso de suas faculdades, deve ser livre para decidir sua vida ou sua morte.

A idéia de liberdade predominante na mentalidade brasileira contemporânea está moldada tanto pelo individualismo herdado da cultura colonialista, patriarcal e predatória, como pela lembrança incômoda do autoritarismo no passado político recente. Esses traços convergem para que o brasileiro exerça o repúdio sistemático a toda medida tendente a pôr ordem na casa à custa da liberdade de alguns, ou à custa de algumas liberdades de muitos. Nem passa pela cabeça do camelô que ele não tem o direito de se apropriar de um pedaço da via pública para seus negócios particulares, pois, para ele, liberdade é a liberdade dele. Costumes urbanos recentes, mas já generalizados, como a nenhuma reserva nas conversas particulares ao telefone celular, são reveladores da confusão quanto aos limites entre a esfera do público e a do privado. Toda medida repressiva que beneficie a sociedade em seu conjunto, mas cujos efeitos não estejam à vista de forma pessoal e imediata, aparece como intolerável, castradora, autoritária e gratuita.

A questão do tabagismo, queiram ou não os fumantes, vai além do direito pessoal de fumar ou não fumar, e não apenas naquilo que diz respeito à contaminação ambiental. Uma sociedade que hoje admite com naturalidade e sem restrições um hábito comprovadamente nocivo à saúde, transmitirá às gerações futuras essa aceitação. O indivíduo nascido numa sociedade tabagista está condenado a adquirir o hábito legado por pais e avós, com seu direito de escolha irremediavelmente limitado pela influência de uma prática generalizada.

EL HUMO DE TABACO EN EL AMBIENTE VISTO EN PERSPECTIVA

¿Qué riesgos corre usted?

Parece que no pasa un día sin que se descubra que tal cosa o tal otra representa algún tipo de riesgo para la salud.

En un estudio científico, incluso el beber agua con cloro se relacionaba con el cáncer.

Sin embargo, como el sentido común sugiere (y los científicos confirman) no todo lo que se describe en las estadísticas como riesgo representa un riesgo significativo.

Por ejemplo, a mucha gente se le ha hecho creer que el humo de tabaco en el ambiente es perjudicial.

Quizás no sea de extrañar.

Al fin y al cabo, nosotros reconocemos que fumar en sí es un factor de riesgo para ciertas enfermedades humanas y que a algunas personas el humo de tabaco en el ambiente les resulta molesto y desagradable.

Pero, ¿qué ocurre con el humo de tabaco en el ambiente? ¿Es realmente un riesgo significativo para la salud de quienes han escogido no fumar?

Nosotros creemos que no, a la vista de los resultados científicos.

Recientemente, la 'Environmental Protection Agency' de los Estados Unidos llevó a cabo una revisión a gran escala de los estudios existentes sobre los riesgos que el humo de tabaco en el ambiente representa para los no fumadores. Por lo general, estos estudios se centran en los no fumadores que viven con fumadores durante largos períodos de tiempo, tales como 20 años.

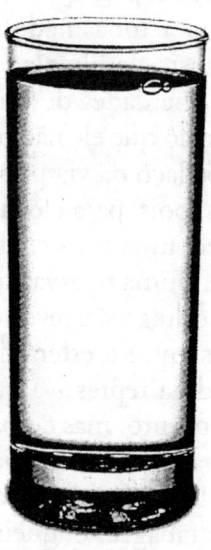

Y esta revisión situó el riesgo de cáncer de pulmón por el humo de tabaco en el ambiente en un nivel muy por debajo del riesgo indicado en otros estudios sobre numerosos artículos y actividades cotidianas.

E inferior, incluso, al riesgo para la salud que entraña beber agua con cloro, según otro estudio.

Tal y como muestra el cuadro de abajo, muchas actividades cotidianas se han asociado estadísticamente en algún u otro momento con aparentes riesgos para la salud.

Sin embargo, prestigiosos científicos afirman que las asociaciones débiles no son necesariamente significativas.

Por eso no existe una gran campaña para convencerle de que deje de beber agua con cloro.

Ni hay justificación sólida para una campaña contra el humo de tabaco en el ambiente.

Si quiere formarse su propia opinión, escríbanos a Philip Morris Europe S.A., c/o P.O. Box 107, 1000 AC Amsterdam, Países Bajos, o por fax al 07 31 20 671 96 89 o a través de http://pminfo.yrams.nl

Le enviaremos los resultados científicos sobre el tema del humo de tabaco en el ambiente.

Creemos que los encontrará convincentes.

	Actividades Cotidianas	Riesgo Relativo Indicado*	Efecto Sobre la Salud Indicado	Referencia del Estudio Científico
Asociado con un riesgo adicional	Dieta muy rica en grasas saturadas	6.14	Cáncer de pulmón	Journal of the National Cancer Institute, Vol. 85, p. 1906 (1993)
	Dieta no vegetariana con respecto a dieta vegetariana	2.08	Enfermedades del corazón	American Journal of Clinical Nutrition, Vol. 31, p. 5191 (1978)
	Cocinar frecuentemente con aceite de colza	2.80	Cáncer de pulmón	International Journal of Cancer, Vol. 40, p. 604 (1987)
Asociación débil con un riesgo	Beber 1-2 vasos de leche entera al día	1.62	Cáncer de pulmón	International Journal of Cancer, Vol. 43, p. 608 (1989)
	Comer una galleta al día	1.49	Enfermedades del corazón	Lancet, Vol. 341, p. 581 (1993)
	Beber agua con cloro	1.38	Cáncer rectal	American Journal of Public Health, Vol. 82, p. 955 (1992)
	Tomar pimienta frecuentemente	1.30	Mortalidad	American Journal of Epidemiology, Vol. 139, p. 775 (1994)
	Humo de tabaco en el ambiente	1.19	Cáncer de pulmón	U.S. Environmental Protection Agency (1992)
Asociado con un riesgo reducido	Dieta rica en verdura	0.37	Cáncer de pulmón	International Journal of Epidemiology, Vol. 29, Suppl. 1, p. 32 (1996)
	Dieta rica en fruta	0.31	Cáncer de pulmón	American Journal of Epidemiology, Vol. 133, p. 683 (1991)

*El riesgo relativo mide en qué grado el consumo o la exposición a algo incrementa o disminuye el riesgo
De acuerdo con el Instituto Nacional del Cáncer de EE.UU. ... "En las investigaciones epidemiológicas, riesgos relativos inferiores a 2 se consideran pequeños y son de difícil interpretación. Dichos incrementos pueden responder a la casualidad, a un sesgo estadístico o a los efectos de factores de confusión, pero a veces no son auténticos."

Philip Morris Europe S.A.
El humo de tabaco en el ambiente. Pongamos las cosas en su sitio.

Segundo a Philip Morris, respirar ar contaminado por fumaça de cigarros é mais mais saudável que ingerir água clorada.

É muito esclarecedor nesse sentido o conceito de "sociedade tóxica", formulado pelos argentinos Eduardo Kalina e Santiago Kovadloff (*As cerimônias da destruição*, Francisco Alves, 1983), para a comunidade que induz seus membros a práticas autodestrutivas, ou legítimas condutas desse tipo, como os vícios socializados e a exploração irracional dos recursos naturais. Desse ponto de vista, os comportamentos autodestrutivos seriam diretamente inspirados em modelos sociofamiliares da sociedade tóxica, na qual a autodestruição aparece vinculada ao desenvolvimento e afiançamento dos valores comunitários fundamentais. Suas manifestações revestem o caráter de fatos normais e mesmo recomendáveis.

O dependente de nicotina acredita defender sua cidadania quando invoca o direito de fumar sem restrições. Deliberadamente ou não, ele trabalha a favor da permanência do tabagismo como hábito socialmente aceito, hoje e amanhã, ao qual a maioria dos futuros fumantes vai aderir nem bem saída da infância. Nessas condições, a "escolha" a que alude o defensor da liberdade irrestrita de fumar é tão determinada por elementos alheios à vontade individual como qualquer imposição legal, social ou familiar.